金句

启文 —— 主编

小纸条

让你的作文大放异彩

山东画报出版社
济南

JINJU XIAO ZHITIAO RANG NI DE ZUOWEN DAFANG YICAI
金句小纸条：让你的作文大放异彩
启 文 主编

图书在版编目（CIP）数据

金句小纸条：让你的作文大放异彩 / 启文主编. —
济南：山东画报出版社，2023.12
ISBN 978-7-5474-4632-4

Ⅰ.①金… Ⅱ.①启… Ⅲ.①作文课—中小学—教学参考资料 Ⅳ.① G634.343

中国国家版本馆 CIP 数据核字（2023）第 236972 号

责任编辑	王映映
装帧设计	博文斯创
主管单位	山东出版传媒股份有限公司
出版发行	山东画报出版社
	社　址　济南市市中区舜耕路517号　邮编 250003
	电　话　总编室（0531）82098472
	市场部（0531）82098479
	网　址　http://www.hbcbs.com.cn
	电子信箱　hbcb@sdpress.com.cn
印　刷	金世嘉元（唐山）印务有限公司
规　格	173毫米×248毫米　16开
	16印张　180千字
版　次	2023年12月第1版
印　次	2024年1月第1次印刷
书　号	ISBN 978-7-5474-4632-4
定　价	39.80元

如有印装质量问题，请与出版社总编室联系更换。

前　言

　　在社会生活和日常写作中引用金句，是一种普遍的语言现象。用得恰到好处，就会以举重若轻之势增加语言感染力和说服力，达到锦上添花、画龙点睛的效果。在写景物作文时，如果能引用金句，如"月光如水水如天""乾坤一夕雨，草木万方春"，必然会为习作增添一抹亮色。在生活场景中正确引用金句，也能产生积极的影响，例如我们在捐赠给他国的物资上出现的"道不远人，人无异国""青山一道，同担风雨""岁寒松柏，长毋相忘"等暖心金句，也随物资漂洋过海，传递着真情与勇气，拉近了我们与各国友人之间的距离。总之，这些金句给引用者加分不少。

　　为了能让广大中小学生朋友在日常写作中，恰当高效地选择和使用金句，为其作文增光添彩，本书选收古今中外流传广、影响大的诗文佳句几百条，并以适合学生查阅的方式精心编排。全书将所选金句分为"描绘自然万象""洞察人世百态""揭示社会法则"三类，每类均涵盖30个主题。这些主题包括日月、星辰、风雨、雷电、运动、健康、道德、立志、改过、积善、谦虚、治国、安民、用人、法度等，内容十分全面。每一主题中，古代的金句在前，现代的在后；中国的在前，外国的在后；同样都是古代的，按作者时代次序排列，同一朝代的不再细分。正文包括：出处（作者所处朝代、姓名和金句所在篇目）、释义、赏析、范例。之所以这样设计，是因为要想选好、用好金句，必须将金句理解透彻，了解它的来源，明白它的意思，懂得它的精妙。如果死记硬背，生搬硬套，再美的金句也会变得僵化死板。只有感心动情，活化经典，真正提高自己的知识积累和文学修养，才能让这些金句融入自己的血液和精神，即所谓的"腹有诗书气自华"。范例部分，多为精彩语段，给人以教益和启发，为读者写作提供了丰富的参考例文，很有实用价值。需要说明的是，有些范例的作者及出处不详，未能列出，敬请谅解。

编者希望能为广大中小学生朋友提供一本实用、便捷、新颖的金句参考资料，也盼望能够听到来自老师和学生们的批评指正。

目录

描绘自然万象

A 天文气象

A01 日月 …………… 002
A02 星辰 …………… 004
A03 风雨 …………… 006
A04 雷电 …………… 014
A05 冰雪 …………… 017
A06 云霭 …………… 022
A07 霜露 …………… 024

B 四季节令

B01 阳春 …………… 026
B02 炎夏 …………… 029
B03 清秋 …………… 031
B04 严冬 …………… 033
B05 节气 …………… 035
B06 节日 …………… 038

C 植物天地

C01 花草 …………… 040
C02 庄稼 …………… 053
C03 树木 …………… 057
C04 青苔 …………… 062

D 动物世界

D01 昆虫 …………… 064
D02 禽鸟 …………… 066
D03 走兽 …………… 069
D04 牲畜 …………… 072
D05 鱼虾 …………… 074

E 地理名胜

E01 山岳 …………… 077
E02 原野 …………… 081
E03 沙漠 …………… 083
E04 建筑 …………… 085
E05 江河 …………… 088
E06 湖海 …………… 093
E07 清泉 …………… 096
E08 瀑布 …………… 098

洞察
人世百态

F 健身修身

F01 运动 102
F02 健康 103
F03 道德 104
F04 立志 106
F05 改过 117
F06 积善 118
F07 谦虚 120
F08 俭约 124

G 求学治学

G01 真理 126
G02 知识 128
G03 才干 130
G04 好学 131
G05 善学 133
G06 致用 137
G07 尊师 139

H 交友处世

H01 友谊 141
H02 礼仪 146
H03 诚信 150
H04 正直 153
H05 宽容 154

I 家庭事业

I01 爱亲 158
I02 治家 162
I03 教子 166
I04 工作 168
I05 勤奋 171
I06 创新 172

J 人生智慧

J01 祸福 174
J02 时机 176
J03 贫富 179
J04 成败 182

揭示 社会法则

K 政治

K01 治国 …………… 186
K02 纳言 …………… 189
K03 安民 …………… 191
K04 用人 …………… 195
K05 改革 …………… 198
K06 法度 …………… 199
K07 兴衰 …………… 202
K08 赏罚 …………… 203
K09 倡廉 …………… 207
K10 外交 …………… 209
K11 团结 …………… 210

L 经济

L01 农业 …………… 212
L02 财货 …………… 215
L03 赋税 …………… 217
L04 百工 …………… 219
L05 经商 …………… 223

M 军事

M01 战争 …………… 224
M02 用兵 …………… 226
M03 将帅 …………… 231
M04 从军 …………… 233
M05 和平 …………… 235

N 艺术

N01 文学 …………… 236
N02 音乐 …………… 238
N03 绘画 …………… 240
N04 舞蹈 …………… 241
N05 书法 …………… 242

O 生态

O01 自然 …………… 244
O02 资源 …………… 246
O03 环境 …………… 247
O04 生物 …………… 248

描绘

自然万象

A — E

> 一眼吞江湖，万象涵古今。
>
> ——宋代·苏轼

A 天文气象

A01 日月

东西生日月，昼夜如转珠。 A01-01

出处　唐代·元稹《苦雨》。

释义　日月东升西落，昼夜似转珠一样周而复始。

赏析　用"转珠"作比，形象地写出了昼夜的交替运动。作者能认识到日月是球形体，并以大地为中心东升西落运转，这种认识相当有见地。这两句触物兴感，慨叹光阴飞逝，可用以表达要珍惜时间，奋发有为的思想。

范例　"东西生日月，昼夜如转珠。"转眼间，我们即将告别校园迈向社会。

月光如水水如天。 A01-02

出处　唐代·赵嘏《江楼旧感》。

释义　眼前月光皎皎，如水流淌，江水澄莹如天。

赏析　诗人巧妙地运用了叠字回环的技巧，一笔包蕴了天地间景物，将江楼夜景写得清丽绝俗。

范例　夜，静极了！玉盘似的满月在云中穿行，淡淡的月光洒向河面，树叶在风儿的吹拂下蹦跳着，几分怅然若失的心情便荡漾在这"月光如水水如天"的夜里了。

A01-03　新月已生飞鸟外，落霞更在夕阳西。

出处　宋代·张耒《和周廉彦》。

释义　新月挂在天边，群鸟飞往巢穴，红日将落，霞光衬映着西边的天空。

赏析　这两句诗采用以大托小的手法来写远景，可谓是别出心裁。采用这种手法，能使画面富有动感，新月、飞鸟、落霞、夕阳仿佛在画上流动起来，诗句也显得更为明丽圆转，自然奇逸，令人赏心悦目。

范例　"新月已生飞鸟外，落霞更在夕阳西。"如果日出的澎湃你已错过，那么日落时分的温柔，绝对让你流连忘返。

A01-04　赤日炎炎似火烧，野田禾稻半枯焦。

出处　明代·施耐庵《水浒传》。

释义　烈日当空好似天在下火，烤焦了田野中的稻禾。

赏析　这两句从天上写到地上——天上骄阳如火，地上稻禾枯焦，从不同的侧面渲染了天气的炎热。

范例　老天发着威，把大地炙烤得如同蒸笼一般，出门就一身汗，近40度的高温考验着人的承受力。正如《水浒传》中白日鼠白胜在黄泥冈担酒时所唱的："赤日炎炎似火烧，野田禾稻半枯焦。"

A02 星辰

青天何历历，明星如白石。　　　　　　　A02-01

出处 唐代·李白《拟古十二首·青天何历历》。

释义 夜空清晰明澈，星星就如同摆在夜幕上洁白的石头，明亮可见。

赏析 李白一改豪迈之风，以朴实无华写尽无限深情。他对星星的描写既洁净可爱，又富有童趣。

范例 "青天何历历，明星如白石。"读到李白的这句诗，顿感星星的剔透生动，晶莹可人。

星垂平野阔，月涌大江流。　　　　　　　A02-02

出处 唐代·杜甫《旅夜书怀》。

释义 星星低垂在辽阔的天际，月亮倒映在江面上，随波涌动。

赏析 这两句写景雄浑阔大，历来为人所称道。岸上星垂，舟前月涌，用"星垂"来描写原野的广阔，用"月涌"来形容大江的东流，气象苍莽，形象而细致地描绘了江上的夜景。

范例 "星垂平野阔，月涌大江流。"驻足武汉黄陂一片稻田里，你能品味出杜甫《旅夜书怀》中的雄浑与豪迈。

A02-03　　天上星河转，人间帘幕垂。

出处　宋代·李清照《南歌子·天上星河转》。

释义　天上银河星移斗转，地上的人们已将帘幕放下来，纷纷入睡了。

赏析　"天上星河转"，是在说夜深；"人间帘幕垂"，是在说人静。夜深人静的时候，自己却醒着，不能入梦，给人感觉是有心事要诉说。而且"天上""人间"对举，就有"人天远隔"的含意，分量顿时沉重起来，能起到先声夺人的效果。

范例　儿时的夏季没有空调与电扇，一把古老的蒲扇从古摇到今。"天上星河转，人间帘幕垂。"每到夜晚，蚊虫叮咬、酷热难耐时，我就和小伙伴头顶一张破芦席或肩扛一张软床子向村外打麦场走去。（摘自亳州晚报《软床子》）

A02-04　　天上的明星现了，好像点着无数的街灯。

出处　郭沫若《天上的街市》。

赏析　街灯与星星都远远地在夜色中放明，视觉感受极相近似，诗人由此落笔，把地上、天上融成一片，进而放纵想象于星空，十分自然。

范例　"远远的街灯明了，好像闪着无数的明星。天上的明星现了，好像点着无数的街灯。"夜幕降临，流光溢彩的街灯悄悄点亮了故乡的夜，照亮了在外游子的归家路。

A03 风雨

秋风起兮白云飞，草木黄落兮雁南归。　A03-01

出处　西汉·刘彻《秋风辞》。

释义　秋风刮起，白云飘飞；草木枯黄，大雁南归。

赏析　《秋风辞》比兴并用、情景交融，是中国文学史上"悲秋"的名作。这两句作为开头，点出了季节时令的特点，为秋日渲染了一幅斑斓的背景。短短两句，清远流丽。

范例　相比夏季的葳蕤和冬季的荒寒，秋天的风景显得淡而有味，清而深沉。"秋风起兮白云飞，草木黄落兮雁南归。"秋日的一草一木似乎总是牵引着人们的思乡愁绪，给人带来无限的诗性与哲思。（摘自鲍文炜《中国古代画与物中的秋日风景》）

秋风萧瑟天气凉，草木摇落露为霜。　A03-02

出处　三国·曹丕《燕歌行二首（其一）》。

释义　秋风萧瑟，天气清冷，那草零叶落，露水也冻结成霜了。

赏析　这两句写出了深秋的肃杀情景，这里的形象有视觉的，有感觉的，给人一种空旷、寂寞、衰落的感受。

范例　"秋风萧瑟天气凉，草木摇落露为霜"，秋风是秋幕拉开的第一位报幕者。

A03-03

不知细叶谁裁出，二月春风似剪刀。

出处 唐代·贺知章《咏柳》。

释义 不知道这细细的柳叶是谁裁剪出来的？是那二月的春风，它就像一把神奇的剪刀。

赏析 这两句把比喻和设问结合起来，用拟人手法刻画春天的美好和大自然的工巧，新颖别致，把春风孕育万物形象地表现出来了，烘托无限的美感。

范例 "不知细叶谁裁出，二月春风似剪刀"，春天已经悄悄地来临了，天气也一天比一天暖和了。

A03-04

夜来风雨声，花落知多少。

出处 唐代·孟浩然《春晓》。

释义 不知昨夜的风雨，打落了多少花瓣。

赏析 诗人把爱春和惜春的情感寄托在对落花的叹息上。爱极而惜，惜春即是爱春——那潇潇春雨也引起了诗人对花木的担忧。

范例 春天，万物复苏、鸟语花香，是一个多么美好的季节。小朋友们一蹦一跳地出去放风筝……大诗人也喜欢春天，听："夜来风雨声，花落知多少。"（摘自赵奕然《四季都很好》）

A03-05

好雨知时节，当春乃发生。随风潜入夜，润物细无声。

出处 唐代·杜甫《春夜喜雨》。

释义 好雨知道降临的时机,在春天植物萌发生长的时候它就来了。随着春风在夜里悄悄落下,无声地滋润着万物。

赏析 雨好在"知时节",其中"知"字用得传神,把雨给写活了。"随风潜入夜,润物细无声",仍然用的是拟人化手法,进一步表现雨的"好"。"潜入夜"和"细无声"相配合,不仅表明那雨是伴随和风而来的细雨,而且表明那雨有意"润物",无意讨"好",所以才选择了一个不妨碍人们劳作的时间悄悄地来,在人们酣睡的夜晚轻轻地、细细地下,一点也不张扬。

范例 "好雨知时节,当春乃发生。随风潜入夜,润物细无声。"伴着春风的脚步,春雨如约而来。雨水一到,春回大地,田野一片生机,万物欣欣向荣。

细雨湿衣看不见,闲花落地听无声。

出处 唐代·刘长卿《别严士元》。

释义 蒙蒙细雨润湿了衣服,自己却没有注意到;枝上的花朵飘落到地上,听不到声响。

赏析 这里应是写一种极静的环境,以这种静反衬出诗人心中的不静和无限忧郁。

范例 春雨绵绵,是温柔的手指轻抚过大地,是吴侬软语般轻柔的呢喃,是"细雨湿衣看不见,闲花落地听无声",是"飒飒东风细雨来,芙蓉塘外有轻雷",是"自在飞花轻似梦,无边丝雨细如愁"。(摘自靳舒馨《雨:一夜雨声凉到梦》)

A03-07 青箬笠，绿蓑衣，斜风细雨不须归。

[出处] 唐代·张志和《渔歌子·西塞山前白鹭飞》。

[释义] 渔翁头戴青色斗笠，身披绿色蓑衣，冒着斜风细雨，悠然自得地垂钓，连下了雨都不回家。

[赏析] 从渔翁头戴箬笠，身披蓑衣，在斜风细雨里欣赏春天水面的描写中，读者可以体会到渔夫在捕鱼时的畅快心情。

[范例] 尽管天公不作美，雨势时大时小，但丝毫不影响选手们的比赛热情，个个是手不离杆、眼不离漂。开赛不到一分钟，就陆续有选手钓到今天的第一条鱼，抄网、摘钩、取鱼忙得不亦乐乎。此情此景，也把唐代诗人张志和笔下"青箬笠，绿蓑衣，斜风细雨不须归"如诗如画的景象，再现在广大观众和游客眼前。（摘自杨新宇《300多名垂钓爱好者齐聚垫江龙溪河抛竿竞技》）

A03-08 昨夜一霎雨，天意苏群物。

[出处] 唐代·孟郊《春雨后》。

[释义] 昨晚听到了小雨淅淅沥沥落下的声音，是上天想唤醒这些还在沉睡中的万物吗？一霎：淅淅沥沥，言雨小。

[赏析] 一个"意"字，将春雨的怜爱之心、无私之心写得极其生动。虽然只是"一霎"，却是一场"润物细无声"的及时雨，是一场唤醒万物的多情雨，是一场传递讯息的先声雨。

[范例] "昨夜一霎雨，天意苏群物。"一场雨，萌发出又一茬新绿，即使是枯干的枝杈似乎也有了新意。

乾坤一夕雨，草木万方春。

A03-09

出处 南唐·李中《春日作》。

释义 温情的春雨下了整整一夜，乾坤大地在春雨的滋润下，仿佛一夜之间掀起了春的浪潮。

赏析 这两句诗诠释了春雨绵绵下草长莺飞、树木郁郁葱葱的景象。

范例 南唐李中在《春日作》诗中吟道："乾坤一夕雨，草木万方春。"雨，是生命的"桥梁"，也是自然水和土壤水分的主要来源。

殷勤昨夜三更雨，又得浮生一日凉。

A03-10

出处 宋代·苏轼《鹧鸪天·林断山明竹隐墙》。

释义 昨天夜里三更时分，天公殷殷勤勤地降下一场好雨，今天又能使漂泊不定的人享受一日的爽心清凉。

赏析 此词作于作者贬谪黄州时期，是他当时乡间幽居生活的自我写照。"殷勤昨夜三更雨，又得浮生一日凉"，抒发了作者雨后得新凉的喜悦。

范例 六月盛夏，热情似火。熏风南来，小麦丰收，古诗词里的夏日，有"脱巾挂石壁，露顶洒松风"的潇洒，有"蝉噪林逾静，鸟鸣山更幽"的清幽，有"稻花香里说丰年，听取蛙声一片"的幸福，还有"殷勤昨夜三更雨，又得浮生一日凉"的达观。（摘自蔓秋清婉《10首绝美夏日古诗词》）

A03-11　　　　好风如扇雨如帘。

出处　宋代·李廌《虞美人·玉阑干外清江浦》。

释义　好风像扇子，好雨似挂着的珠帘。

赏析　"好风如扇"比喻新颖，春夏之交，往往有这样的景色，给人以风吹柔和的感觉。"雨如帘"的绘景更妙，它不仅曲状了疏疏细细的雨丝，而且因为人在玉阑干内，从内看外，雨丝就真像挂着的珠帘。

范例　绵绵细雨是春天的经典景象，后蜀欧阳炯有"春来街砌，春雨如丝细"，宋代邵雍有"春雨细如丝，如丝霢霂时"，宋代蒋捷有"春雨如丝，绣出花枝红袅"，而也有比喻细雨如帘的，比如宋代李廌就有"好风如扇雨如帘"。（摘自六甲番人《春夜小雨有感·自注》）

A03-12　　　　满城风雨近重阳。

出处　宋代·潘大临。这句诗是潘大临在墙壁上写的。因后来思绪中断，无法再写下去，只此一句。

释义　时近重阳，整个黄州城风雨交加。

赏析　一句"满城风雨近重阳"，有气势，有意境，绘声绘色，浑然天成，惹人遐思，耐人品味，成为文学史上著名的"一句诗"。

范例　重阳节之前下起雨来，间有大风。我忽然想起一句"满城风雨近重阳"，这是宋代江西诗派诗人潘大临的佳句。

与燕作泥蜂酿蜜，才吹小雨又须晴。

A03-13

出处 宋代·方岳《春思》。

释义 春风使大地回暖，供给了燕子做窝的泥土；又急急忙忙地吹开花朵，让蜜蜂采蜜，酿成甘露。刚刚吹来阴云下了一阵细雨，又将乌云送走，带来了晴朗的天气。

赏析 诗人用拟人化的笔调，通过对春天景物的描写，热情地赞美了富有生机的春风。诗格调清新，不用典实，通篇拟人，富于动感，体物入微，又很有韵致。

范例 "与燕作泥蜂酿蜜，才吹小雨又须晴。"春天是一个风景如画的季节，处处充盈着清新的气息，大地绿了，百花开了，柔和多情的春风总是为他人作嫁衣，默默无闻地忙碌着。

清风破暑连三日，好雨依时抵万金。

A03-14

出处 元代·王恽《过沙沟店》。

释义 清风消散了初夏的暑气，及时而来的雨水宝贵异常。

赏析 诗人通过对"风"和"雨"的描写突出了旅途气候的宜人。诗人置身这凉爽的天气，沐浴着清风好雨，内心无比的自由舒畅。

范例 一年到头降雨时间及雨量的多寡，直接关系到农业生产的好坏、年岁的丰歉，与人们休戚相关。元代王恽在《过沙沟店》中吟之为"清风破暑连三日，好雨依时抵万金"。

A03-15

春风如贵客，一到便繁华。

[出处] 清代·袁枚《春风》。

[释义] 春风就像贵客一般，所到之地立马万物复苏，热闹繁华。

[赏析] 这两句诗运用了比喻的手法，写出了春风给人希望的特点。

[范例] "春风如贵客，一到便繁华"，三月中旬温暖的春风，吹醒了大地，也吹醒了又粉又美的海棠和樱花。

A03-16

狂暴的西风，秋天生命的呼吸！

[出处] [英]珀西·比希·雪莱《西风颂》。

[赏析] 作者把"狂暴的西风"说成是"秋天生命的呼吸"，将西风赋予了生命的力量，表面上是歌颂西风的威力，实则表达了作者对革命风暴的崇敬之情。

[范例] 诗人雪莱在《西风颂》中曾这样吟唱："狂暴的西风，秋天生命的呼吸！"的确，西风带给我们恐惧和不安，但也带给我们希望和期待，让我们在它的呼啸中，看到了生命的顽强和坚韧。

A04 雷电

雷声忽送千峰雨,花气浑如百和香。　A04-01

- **出处**　唐代·杜甫《即事》。
- **释义**　突然传来雷声,马上就下起大雨,天地之间,高山群峰都笼罩在苍茫雨中,大雨骤聚骤散,清新的空气中马上充满了各种花香。
- **赏析**　"雷声忽送千峰雨"是兀起之笔,反映了彼时彼地忽晴忽雨的实际风光。而且,正是这一句,写出了壮丽场面。一般写暮春风光,即使能够避免哀愁,却也不易写得壮丽。雷雨千峰,却正是一种壮丽的场面。
- **范例**　昨日的一场春雨,似乎唤醒了万物,今天的空气和心情,都是新的。"雷声忽送千峰雨,花气浑如百和香",空气中弥漫着一种独特的香味,深深地吸引着我。

飒飒东风细雨来,芙蓉塘外有轻雷。　A04-02

- **出处**　唐代·李商隐《无题》。
- **释义**　东风飒飒,蒙蒙细雨飘洒,荷花塘外传来了声声轻雷。
- **赏析**　这两句诗描绘的环境气氛既隐隐传达了生命萌动的春天气息,又带有一些凄迷黯淡的色调。
- **范例**　"飒飒东风细雨来,芙蓉塘外有轻雷。"陈老师以知识托举希望,用匠心守望初心,把自己的心血化为东风、化为春雨，引发了春雷的轰鸣。

A04-03 荷叶初乾稻穗香，惊雷急雨送微凉。

出处 宋代·苏辙《次韵子瞻登望海楼五绝（选一）》。

释义 荷叶上已不见闪亮的露水，空气中弥漫着稻米的醇香。一声声惊雷，一阵阵急雨，雷雨后流泻着满天的清凉。

赏析 "稻穗香"代表着丰收，"送微凉"是诗人在称赞"惊雷急雨"送来了凉爽怡人的好天气，可见诗人的心情不错。

范例 时间悄然，立秋如约而至。"云天收夏色，木叶动秋声"，这是风景变幻的立秋；"空山新雨后，天气晚来秋"，这是凉爽惬意的立秋；"荷叶初乾稻穗香，惊雷急雨送微凉"，这是喜获丰收的立秋。

A04-04 一夕轻雷落万丝，霁光浮瓦碧参差。

出处 宋代·秦观《春日五首（其二）》。

释义 轻雷响过，春雨淅沥而下。雨后初晴，阳光投射在刚刚被雨洗过的苍翠碧瓦上。

赏析 雷是"轻"的，雨如"丝"般，春雨的特色诗人只用两个字就揭示出来了。那碧绿的琉璃瓦，被一夜春雨洗得干干净净，晶莹剔透，犹如翡翠，瓦上还沾有水珠，在晨曦的辉映下，浮光闪闪，鲜艳夺目，令人心旷神怡。

范例 "一夕轻雷落万丝，霁光浮瓦碧参差。"从最初的一滴开始，触发了一场珍贵的风景，犹如梦境，在画廊中穿梭，不需要预约，刚刚好就有了不期而遇的惊喜。（摘自子墨《春雨绵柔，用心感受属于自己的美好》）

雷声千嶂落，雨色万峰来。

出处 明代·李攀龙《广阳山道中》。

释义 轰鸣的雷声如从千重山巅跌落下来，倾注的暴雨像从万座高峰倾泻而出。

赏析 这两句描写雷大雨急的气势，惊心动魄。

范例 "雷声千嶂落，雨色万峰来。"夏天的雨，是最寻常的，它不像春雨那样，像牛毛，像花针，像细丝，密密地斜织着。它有它自己独特的个性与魅力——热烈而粗犷。

A05 冰雪

A05-01 瑞雪惊千里，同云暗九霄。

- **出处** 唐代·李峤《雪》。
- **释义** 千里瑞雪，白茫茫一片，令人惊艳，天上的白云也不能与之相比。
- **赏析** 这两句诗主要写了雪的大气和壮观，偏重于写空中动态的雪景。一个"惊"字表现了诗人陶醉于广袤雪景之中的一种难以言表的惊叹；一个"暗"字，凸显了大雪囊括一切的气势，将九霄高天都遮蔽起来，黯淡如昏。
- **范例** 作为横跨淮河、长江的省份，安徽的冬季既有江南小雪掩翠竹的雅致，也有北方"瑞雪惊千里，同云暗九霄"的洋洋洒洒。

A05-02 燕山雪花大如席，片片吹落轩辕台。

- **出处** 唐代·李白《北风行》。
- **释义** 燕山的雪花大大的，宛如一张张竹席，它们零零碎碎地撒落开来，飘荡在轩辕台上。
- **赏析** 以"席"来拟雪花，想象飞腾，精彩绝妙，生动形象地写出了雪花大而密的特点，极写边疆的寒冷。
- **范例** "燕山雪花大如席，片片吹落轩辕台。"北京2022年冬奥会开幕式使用91朵雪花代表91个国家和地区，湛静

淡雅的雪花被引导员赋予体温,以爱心队形迎接着奥运火炬的到来。(摘自张文海《世界之窗·人民之门·未来之镜》)

瑶台雪花数千点,片片吹落春风香。

[出处] 唐代·李白《酬殷明佐见赠五云裘歌》。

[释义] 瑶台上雪花纷纷,犹如数千点银色花瓣,片片飘落,散发出春风的芳香。

[赏析] 仙境瑶台雪花纷纷,漫天飞舞,这雪景不同尘世,没有严冬的肃杀,却有春天的温暖;没有砭人肌骨的酷寒,倒有沁人心脾的清香。

[范例] "瑶台雪花数千点,片片吹落春风香。"窗外,一朵一朵的雪花,旖旎多姿,精灵般飞舞,晶莹剔透,温婉如玉。

北风卷地白草折,胡天八月即飞雪。

[出处] 唐代·岑参《白雪歌送武判官归京》。

[释义] 北风席卷大地吹折了白草,塞北的天空八月就飘降大雪。

[赏析] 未及白雪而先传风声,"北风卷地"四字,妙在由风而见雪。白草是西北地区一种草,很坚韧。然经霜草脆,故能断折(如为春草则随风俯仰不可"折")。"白草折"又显出风的来势猛。八月秋高,而北地已满天飞雪。"胡天八月即飞雪",一个"即"字,惟妙惟肖地写出由南方来的人少见多怪的惊

奇口吻。

范例 "北风卷地白草折，胡天八月即飞雪"，唐代著名诗人岑参笔下的这两句名诗穿越千年后，在内蒙古地区"应验"，呼伦贝尔、兴安盟等地皑皑白雪的景致已经提前降临。

A05-05　　忽如一夜春风来，千树万树梨花开。

出处 唐代·岑参《白雪歌送武判官归京》。

释义 大雪飘飞，仿佛一夜之间春风吹来，树上有如梨花争相开放。

赏析 经过一夜，大地银装素裹，焕然一新。挂在枝头的积雪，在诗人的眼中变成了一夜盛开的梨花，和美丽的春天一起到来。"忽如"一词准确地表现了早晨起来突然看到雪景时的情形。

范例 伴着"忽如一夜春风来，千树万树梨花开"的大雪，锣鼓在甘肃、青海的一处处黄河谷地里敲响，传承了世世代代的社火表演拉开了序幕。

A05-06　　飞雪带春风，徘徊乱绕空。

出处 唐代·刘方平《春雪》。

释义 满天飞舞的大雪携带着春风而来，雪花在空中回旋乱舞。

赏析 第一句中"带"字很普通，但用得突兀而精劲。飞雪先行，春风随后，可知是严冬刚过，春风初度，余寒犹厉的季节。

第二句具体写飞雪情状，字字都与写风糅合。"徘徊"写出雪片在风里轻缓地旋舞，又似乎冬寒还恋恋不肯即逝；"绕空"显出气流回荡中雪的整体动态；再用一个"乱"字，更给人纷繁迷茫之感，显然这初春的风雪也并不存心要给人间装点什么美景吧。从画面看诗情，作者此际没有沉浸于自然美的享受，心情似乎是低回、怅惘而烦乱的。

范例 "飞雪带春风，徘徊乱绕空。"在这料峭春风里，医护人员、志愿者、社区工作人员等闻令而动，火速到岗，迅速投身区域核酸检测第一线。

夜深知雪重，时闻折竹声。

A05-07

出处 唐代·白居易《夜雪》。

释义 夜深的时候就知道雪下得很大，是因为不时地能听到雪把竹枝压折的声音。

赏析 从传来的积雪压折竹枝的声音，可知雪势有增无减。诗人有意选取"折竹"这一细节，托出"重"字，别有情致。"折竹声"于"夜深"而"时闻"，显示了冬夜的寂静，更主要的是传达出诗人谪居江州时心情的孤寂。

范例 雪，色白质洁，备受文人墨客喜爱，它既是白居易"夜深知雪重，时闻折竹声"的宁静，李白"燕山雪花大如席，片片飘落轩辕台"的粗犷，也是柳宗元"孤舟蓑笠翁，独钓寒江雪"的清寒，辛弃疾"更无花态度，全有雪精神"的高洁。

白雪却嫌春色晚,故穿庭树作飞花。

出处 唐代·韩愈《春雪》。

释义 白雪却嫌春色来得太晚了,故意化作花儿在庭院树间穿飞。

赏析 这两句诗富有浓烈的浪漫主义色彩,可谓神来之笔。诗人对春雪飞花主要不是惆怅、遗憾,而是充满了欣喜。"却嫌""故穿",把春雪刻画得美好而有灵性。"作飞花"三字,把初春的冷落翻成仲春的喧闹,增加了诗的意趣。

范例 春天的雪,大抵性情如急性子的人。唐代诗人韩愈在《春雪》一诗中就有"白雪却嫌春色晚,故穿庭树作飞花"。尽管过了年,立了春,春色却迟迟不到。一场雪,用自己短暂的生命,代替春风春雨,唤醒沉睡了一个冬天的大地。

A06 云霭

天上浮云似白衣，斯须改变如苍狗。   A06-01

出处 唐代·杜甫《可叹》。

释义 天上的浮云分明像件清白干净的衣服，一会儿却变成一只灰毛狗的样子了。

赏析 苍狗：青狗，天狗。古代以为不祥之物。天上的白云好似白衣，但很快变得如同苍狗。后以"白云苍狗"比喻世事的变化无常。

范例 秋日的下午，蓝色的天空更为广阔，时有浮云来去，云的形状经常变化，正如杜甫诗里说的"天上浮云似白衣，斯须改变如苍狗"。

白云回望合，青霭入看无。   A06-02

出处 唐代·王维《终南山》。

释义 回望来路，白云青霭苍茫成片，然而身处其中，眼前连一片白云也看不到。

赏析 这两句诗使用了互文的修辞手法，两句交错为用，互为补充，写烟云变灭，移步换形，极富魅力。

范例 多美的雾，多好的山中早晨啊！我想起了唐代诗人王维描绘的意境："白云回望合，青霭入看无。"

A06-03

卧看满天云不动，不知云与我俱东。

出处 宋代·陈与义《襄邑道中》。

释义 躺卧在船上望着满天白云，它们好像都纹丝不动，却不知道云和我都在向东行前进。

赏析 古人行船，最怕逆风。作者既遇顺风，便安心地"卧"在船上欣赏一路风光。船行很快，可云彩并没有不断后移。于是，作者恍然大悟：原来天上的云和自己一样朝东方前进。

范例 历史上，很多诗人也对"云"情有独钟：王维"行到水穷处，坐看云起时"，是内心的洒脱；李白"长风破浪会有时，直挂云帆济沧海"，是喷薄的豪情；陈与义"卧看满天云不动，不知云与我俱东"，是难得的闲适；徐志摩"我是天空里的一片云，偶尔投影在你的波心"，是相遇的烂漫……

A06-04

云归山自在，江静水安流。

出处 清代·卞梦珏《秋眺》。

释义 白云散去，蓝天下的远山历历可见；明丽的阳光下，江水悠闲地流向远方。

赏析 诗人在楼上放目远眺，一派秋天的景致尽收眼底。这两句诗文字对仗工稳，语意凝练含蓄，景中寓情，直抒胸臆，有唐诗风格。

范例 "云归山自在，江静水安流"，这里的风景如此安静，让人忘记了时间的存在。

A07 霜露

蒹葭苍苍，白露为霜。　　　　　　　　　　　　A07-01

- [出处] 《诗经·国风·秦风·蒹葭》
- [释义] 大片的芦苇密又繁，清晨的露水变成霜。蒹：没长穗的芦苇。葭：初生的芦苇。苍苍：茂盛的样子。为：凝结成。
- [赏析] 这两句诗使用比兴手法，描写了一幅秋苇苍苍、白露茫茫、寒霜浓重的清凉景色，暗衬出主人公身当此时此景凄婉的心情。
- [范例] "蒹葭苍苍，白露为霜"，秋风渐起，防火莫忘。

荷风送香气，竹露滴清响。　　　　　　　　　　A07-02

- [出处] 唐代·孟浩然《夏日南亭怀辛大》。
- [释义] 荷花的香气随风飘散，竹叶上的露水滴落发出清脆的声音。
- [赏析] 写"荷"以气，写竹以"响"，恰恰是夏夜给人的真切感受。诗句表达的境界"一时叹为清绝"。
- [范例] 春天的一丝和风到了，那是"淑气催黄鸟，晴光转绿苹"；夏天的一缕荷香来了，那是"荷风送香气，竹露滴清响"；秋天的一滴露水凝了，那是"露从今夜白，月是故乡明"；冬天的一片雪花飘了，那是"终南阴岭秀，积雪浮云端"。（摘自蒙曼《四时之诗》）

A07-03 露从今夜白，月是故乡明。

出处 唐代·杜甫《月夜忆舍弟》。

释义 从今夜就进入了白露节气，月亮还是故乡的最明亮。

赏析 "露从今夜白"，既写景，也点明时令（白露）。而且中秋节恰在白露期间，让白露节气沾染了不少思亲的意味。另外，这两句在炼句上也很见功力，它要说的不过是"今夜露白""故乡月明"，只是将词序这么一换，语气便分外矫健有力。

范例 "露从今夜白，月是故乡明。"在月色盈盈的秋夜，承载着千年诗意的白露，正穿过春风夏雨，缓缓向我们走来。

A07-04 山明水净夜来霜，数树深红出浅黄。

出处 唐代·刘禹锡《秋词二首（其二）》。

释义 秋天来了，山明水净，夜晚也开始降下白霜；满树的叶枝现在已经有红有黄。

赏析 诗人用白描的手法，真实地再现了别有特色的秋景，山水清净，夜里还会下霜，树叶有红有黄，在山间错落点染。景色清丽娴雅，如一位彬彬有礼的君子，让人肃然起敬。

范例 "山明水净夜来霜，数树深红出浅黄。"进入深秋以来，彭阳县的百万亩杏树叶，由深绿转成红黄相间的色彩，让层峦叠嶂的山区绚烂多姿。

B 四季节令

B01 阳春

时在中春,阳和方起。

B01-01

出处　西汉·司马迁《史记·秦始皇本纪》。

释义　正值中春时节,和煦温暖的阳气刚刚变强盛。

赏析　这两句是描写春天的名句,描绘了一派春意融融、到处孕育着希望的新气象。

范例　"时在中春,阳和方起。"美丽的校园、可敬的老师迎接莘莘学子平安健康归来。

暮春三月,江南草长,杂花生树,群莺乱飞。

B01-02

出处　南朝梁·丘迟《与陈伯之书》。

释义　暮春三月,在江南草木已生长起来,各种各样的花朵竞相开放,一群一群的黄莺振翅翻飞。

赏析　这几句运用排比,融情于景,描绘了一幅优美的江南春景图,至今仍然是人们思忆江南美景时最为贴切的名句。

范例　南朝梁文学家丘迟《与陈伯之书》中"暮春三月,江南草长，杂花生树，群莺乱飞"这一句，将春天写得生动而葱茏。

B01-03 草木蔓发，春山可望。

出处 唐代·王维《山中与裴秀才迪书》。

释义 草木蔓延生长，还有春天的山景可以观赏。

赏析 这两句是在形容春天的生机活力扑面而来，适合用在写于冬末春初时的文章中。而且，这两句话前有"蔓发"，后有"可望"，预示着更大的成功指日可待。

范例 在经历了漫长的冬季后，大地开始苏醒，"草木蔓发，春山可望"。人们仿佛看到了生命的新生和希望的曙光。

B01-04 迟日江山丽，春风花草香。

出处 唐代·杜甫《绝句》。

释义 春日里，山清水秀，风景壮丽；春风送暖，百花盛开，芳草扑鼻。

赏析 "迟日"即春日。同时用一"丽"字点染"江山"，表现了春日阳光普照，四野青绿，溪水映日的秀丽景色。这虽是粗笔勾画，笔底却是春光骀荡。"春风花草香"诗人进一步以和煦的春风、初放的百花、如茵的芳草、浓郁的芳香来展现明媚的大好春光。

范例 "迟日江山丽，春风花草香"，一场窦绿，一场殷红。这一片生机盎然，仿佛也在告诉我们，严寒终会远去，春天注定会温暖每一处山河。

草树知春不久归，百般红紫斗芳菲。

B01-05

[出处] 唐代·韩愈《晚春》。

[释义] 花草树木得知春天不久就要离去，都想留住春天的脚步，竞相吐艳争芳，霎时万紫千红，繁花似锦。

[赏析] 这两句描绘的是暮春百卉千花争奇斗艳的常景，但写得工巧奇特，别开生面。诗人不写百花稀落、暮春凋零，却写草木为留住春天而吐艳争芳，呈万紫千红的动人情景。诗人体物入微，反一般诗人晚春迟暮之感，给人耳目一新的印象。

[范例] "草树知春不久归，百般红紫斗芳菲。"植物园里，各种各样的花次第开放，万紫千红，吸引着许许多多的鸟儿来这里觅食嬉戏，使这里成为鸟的王国、花的乐园。

等闲识得东风面，万紫千红总是春。

B01-06

[出处] 宋代·朱熹《春日》。

[释义] 谁都可以看出春的面貌，万紫千红，到处都是百花开放的春景。

[赏析] "等闲识得"是说春天的面容与特征是很容易辨认的。"东风面"，把春气、春景形象化、拟人化了，把"识"字落到实处。"万紫千红总是春"，是说这万紫千红的景象全是由春光点染而成的，人们从这万紫千红中认识了春天，感受到了春天的美。

[范例] "等闲识得东风面，万紫千红总是春。"气温回暖，万物萌动，我们把春天吵醒了！

B02 炎夏

B02-01　首夏犹清和，芳草亦未歇。

- **出处**　南朝宋·谢灵运《游赤石进帆海》。
- **释义**　初夏时节，天气还算清爽和煦，芳草也并未因为骄阳的暴晒而枯萎。
- **赏析**　首夏，即农历四月，它还带有暮春的余温。这两句诗比喻新的阶段来到，新的机遇来临，新生事物正在茁壮成长。用在段首，可以用作单纯的景物描写，烘托气氛；也可以用来鼓舞士气，表示对未来的信心。
- **范例**　"首夏犹清和，芳草亦未歇。"在这个春末夏初的季节里，我们迎来了四月，千芳竞秀，草木成诗，四月正是读书时。

B02-02　田家少闲月，五月人倍忙。

- **出处**　唐代·白居易《观刈麦》。
- **释义**　农民终年没有闲暇的时光，到了五月倍加繁忙。
- **赏析**　这两句诗是在描写的五月收麦的盛况。麦穗成熟饱满，麦香四溢，又是一个丰收年。
- **范例**　"田家少闲月，五月人倍忙。"进入夏季，侗乡也迎来了农忙时期，人们抢抓农时整理秧田，为插秧丰收打下基础。

人皆苦炎热，我爱夏日长。

B02-03

[出处] 唐代·李昂、柳公权《夏日联句》。

[释义] 人们都苦于夏天的炎热，我却喜欢夏天白昼长。

[赏析] 这两句诗形容白昼长可以做更多的事情，也有心静自然凉的意思，既可以单纯地描写夏天，表现对此时的喜爱；也可以一改前意，劝勉大家珍惜白昼长的这段时间，做更多的事情。

[范例] 在这个被梅雨浸泡的夏天，总爱在悠长缠绵的雨中曲里漫步。"连雨不知春去，一晴方觉夏深"，梅雨过后便开始热浪翻滚，步入盛夏最热之时，但"人皆苦炎热，我爱夏日长"。因为，夏韵悠悠人自醉，心静自然凉。（摘自宋莺《心中种菊品清凉》）

春夏之交，草木际天。

B02-04

[出处] 宋代·苏轼《放鹤亭记》。

[释义] 春夏两季交替的时候，草木茂盛，似乎接近天空。

[赏析] 这两句形容春夏相交之际，绿意盎然的景象。"春夏之交"是很平淡的一句话，却几乎可以用在所有写春夏的文章之中。

[范例] "春夏之交，草木际天。"欢迎大家在这个生机盎然的时节来到杭州。

B03 清秋

B03-01 自古逢秋悲寂寥，我言秋日胜春朝。

- 出处　唐代·刘禹锡《秋词二首（其一）》。
- 释义　自古以来，骚人墨客都悲叹秋天萧条，我却说秋天远远胜过春天。
- 赏析　诗人断然否定前人悲秋的观念，表现出一种激越向上的诗情。这联诗也可以暗喻某事的前景大为可观。
- 范例　"自古逢秋悲寂寥，我言秋日胜春朝。"我们清晰把握住时代发展的大方向，就不难廓清迷雾、拨云见日。

B03-02 一年好景君须记，最是橙黄橘绿时。

- 出处　宋代·苏轼《赠刘景文》。
- 释义　一年中最好的景致你一定要记住，那就是在橙子金黄、橘子青绿的秋末冬初的时节啊！
- 赏析　这两句诗不仅在于写景，还抒发了作者的广阔胸襟和对同处窘境中友人的劝勉和支持，颇有乐观向上之意。后世常用"橙黄橘绿"比喻深秋时节的丰硕景象。
- 范例　古有诗句："一年好景君须记，正是橙黄橘绿时。"能在丰收的时节，带上三五好友体验摘砂糖橘的乐趣，也不负一年中最美好的时光。

秋山复秋水，秋花红未已。

- **[出处]** 清代·顾炎武《秋山（其一）》。
- **[释义]** 一座座秋山连着一道道秋水，秋花红艳如火，盛开不败。
- **[赏析]** 这两句诗描写了秋天欲走还留之际的特有景色。秋山秋水笼罩着一片悲凉与萧瑟的情绪，而那鲜红未已的秋花，则充溢天地刚烈之气。
- **[范例]** "秋山复秋水，秋花红未已。"秋日清晨的梁平城区，举目望去，肥绿已渐转瘦黄，薄雾之中，一种清爽宁静之感扑面而来，这是独属于城区的秀丽。

一年一度秋风劲，不似春光。胜似春光，寥廓江天万里霜。

- **[出处]** 毛泽东《采桑子·重阳》。
- **[释义]** 一年又一年秋风刚劲地吹送，这景色不如春天的光景那样明媚。却比春天的光景更为壮美，如宇宙般广阔的江面天空泛着白霜。
- **[赏析]** 这几句是形容深秋天高云淡的壮美景色——天朗气清，江澄水碧；满山彩霞，遍野云锦，一望无际，铺向天边。秋气在作者心中引起的不是哀伤，而是振奋和希望。
- **[范例]** "一年一度秋风劲，不似春光。胜似春光，寥廓江天万里霜。"这是万山红遍之秋，这是层林尽染之秋，这是万物丰收之秋！（摘自刘丽《金秋时节话丰收》）

B04 严冬

B04-01 明月照积雪，朔风劲且哀。

- 出处 南朝宋·谢灵运《岁暮》。
- 释义 明月照在积雪上，北风猛烈而且凄厉。
- 赏析 这两句诗形容冬夜既美又冷。"明月照积雪"主要是从色感上写岁暮之夜的凛寒高旷之象。下一句则转从听觉感受方面写岁暮之夜所闻。朔风劲厉的哀号，则反映出诗人心绪的悲凉与不宁。
- 范例 "明月照积雪，朔风劲且哀。"夜幕降临，路面湿滑，街道上行人渐少，但民警们没有放弃，依旧在辖区内大街小巷寻找着老人的踪迹，向每一位群众打听着走失老人的线索。

B04-02 不知庭霰今朝落，疑是林花昨夜开。

- 出处 唐代·宋之问《苑中遇雪应制》。
- 释义 我不知道今天早上庭院中竟然落下了雪花，还以为是昨夜院中的树枝上开出的花。
- 赏析 这两句诗是描写冬雪的名句，形容冬日清晨如花开一般的曼妙雪景，用在写冬天的文章最为恰当，还传达出一丝玩笑喜悦之情。
- 范例 "不知庭霰今朝落，疑是林花昨夜开。"雪花摇曳，伴着风起舞，落在校园中。扫起满地如絮的雪花，堆出一个漂亮的雪人。

岁暮百草零，疾风高冈裂。

B04-03

[出处] 唐代·杜甫《自京赴奉先县咏怀五百字》。

[释义] 一年结束，各种草木都已经凋零；狂风怒吼，像要把高山扫平。

[赏析] 这两句诗是形容年终岁尾大风起兮的骇人场景。这联诗可以用来描写冬天的风景，也可以用在那些冬天环境恶劣的地方，以之慰问、赞美边防战士比较合适。

[范例] "岁暮百草零，疾风高冈裂。"这两天气温骤降，寒风刺骨，每个人都感受到了冬爷爷的冷酷无情。

严冬不肃杀，何以见阳春。

B04-04

[出处] 唐代·吕温《孟冬蒲津关河亭作》。

[释义] 没有严冬的冷落萧条，怎么能表现出阳春的温暖和煦？

[赏析] 这两句诗虽然一般不被直接引用于描写景物，但通过这两句，我们可以领悟到对比、衬托手法在写景状物、表情达意中的作用。如果学会并巧妙运用这种手法，可以提高我们的写作水平，增加作品的艺术表现力。这两句还可用来说明肃杀的严冬必然会转化成阳春，鼓励人们通过艰苦的奋斗去迎接美好事物的诞生。

[范例] "严冬不肃杀，何以见阳春。"愿经历狂风骤雨，冷霜暴雪后的世界经济，在未来的一年，能够正本清源，浴火重生。

B05 节气

B05-01

春雷响，万物长。

出处 民谚。

释义 春雷响了，春天就到了，万物开始复苏，新的一年开始了。

赏析 这句谚语说的是惊蛰节气。惊蛰的含义是春雷乍动，惊醒了蛰伏在土中冬眠的动物。"春雷响，万物长"，惊蛰时节正是大好的"九九"艳阳天，气温回升，雨水增多，农家无闲。

范例 惊蛰是季节轮回的号角，"春雷响，万物长"，它向世间庄重宣告：春已降临。

B05-02

微雨众卉新，一雷惊蛰始。

出处 唐代·韦应物《观田家》。

释义 一场微细的春雨，百草充满生机；一声隆隆的春雷，惊蛰节令来临。

赏析 "微雨"二字写春雨，用白描手法，没有细密地描绘"微雨"，而将重点放在"众卉新"三字上，既写出万木逢春雨的欣欣向荣，又表达了诗人的欣喜之情。"一雷惊蛰始"以民间传说"惊蛰"这天雷鸣，而万虫惊动，来写春耕之始。

范例 "微雨众卉新，一雷惊蛰始。"一个新的节气，必将带来新的春日希望。惊蛰是一年二十四节气里的第三个节气，岁月的二十四根琴弦上，唯有惊蛰最先演奏出这样一段跳起来的音符。

清明时节雨纷纷。

B05-03

[出处] 唐代·杜牧《清明》。

[释义] 江南清明时节细雨纷纷飘落。

[赏析] 清明，虽然是柳绿花红、春光明媚的时节，可也是气候容易发生变化的期间，常常赶上"闹天气"。诗人用"纷纷"两个字来形容那天的雨，真是好极了。"纷纷"，若是形容下雪，那该是大雪。但是用来写雨，却是正相反，那种叫人感到"纷纷"的，绝不是大雨，而是细雨。这种细雨，也正是春雨的特色。这"纷纷"在此自然毫无疑问的是形容那春雨的意境，可是它又不只是如此而已，它实际上还在形容雨中行路者的心情。

[范例] 今天是清明节，不过没有"清明时节雨纷纷"的景象，相反，今天天气晴朗，微风徐徐，令人忍不住想去踏春赏花，拥抱温暖。

风吹雨洗一城花。

B05-04

[出处] 宋代·黄庭坚《见二十弟倡和花字漫兴五首（其一）》。

[释义] 正值暮春三月，风吹雨洗满城落花。

[赏析] 这句诗写得非常唯美，写出了暮春独有的景色。暮春时常常刮风下雨，常常在一整晚的风风雨雨之后，花瓣都飘落在地上。"风吹雨洗一城花"便是对这一景象的真实写照。

范例 "风吹雨洗一城花。"谷雨是春季的最后一个节气,雨后空气清新,沿着老街漫步,仿佛置身世外桃源。

时雨及芒种,四野皆插秧。

出处 宋代·陆游《时雨》。

释义 应时的雨水在芒种时节纷纷而至,田野里处处都有农人在忙着插秧。

赏析 芒种是一个耕种忙碌的节气,民间也称其为"忙种"。这个时节,正是南方种稻与北方收麦之时。芒种,正是从起起伏伏的劳动身影里开始的。这两句诗就交代了芒种时节的大忙情景。

范例 "时雨及芒种,四野皆插秧。"今天是传统节气芒种,又到了一年夏种高峰的时期。田间一派忙碌的景象,插秧机在田间来回穿梭,充满希望的田野绿意盎然起来。

B06 节日

共欢新故岁，迎送一宵中。　　　　　　　　　　B06-01

[出处] 唐代·李世民《守岁》。

[释义] 君臣欢宴饮酒，喜度良宵，迎新年，辞旧岁，通宵歌舞。

[赏析] 这两句紧扣"守岁"，由宫廷而至天下，推而广之，概述举国欢庆、共度良宵、辞旧迎新的景象，从而浓化了宫苑守岁的热烈气氛。

[范例] "共欢新故岁，迎送一宵中。"新春佳节，是中华民族最盛大、最重要的传统节日，纷纷扬扬的雪花预示着来年的丰收和喜悦。

端午临中夏，时清日复长。　　　　　　　　　　B06-02

[出处] 唐代·李隆基《端午》。

[释义] 端午节的时候，已经接近夏天的中间了，白天的时间渐渐变长了。

[赏析] 端午节的时候时序已经进入仲夏，此时白昼越来越长。这天，开创了大唐盛世的唐玄宗李隆基在皇宫中大宴群臣，以示皇恩浩荡，写下了这首诗。"端午临中夏，时清日复长"是诗的前两句，从中我们也能领略到彼时的岁月静好和诗人的志得意满。

[范例] "端午临中夏，时清日复长。"端午节来时，天朗气清，夜短昼长，夏日的韵味已悄然铺展开来。

B06-03　　　天时人事日相催，冬至阳生春又来。

出处　唐代·杜甫《小至》。

释义　自然界的节气和人世间事逐日相催，冬至一到，阳气初动，春天也就快来了。

赏析　这两句诗以咏叹笔调点明"阳生春来"，与诗题紧扣，同时给人以紧迫感：时间飞逝，转眼又是冬去春来。

范例　"天时人事日相催，冬至阳生春又来。"冬去春来，万象更新，时间的脚步永不停歇。

B06-04　　　霜风渐欲作重阳，熠熠溪边野菊香。

出处　宋代·苏轼《捕蝗至浮云岭，山行疲苶，有怀子由弟二首（其二）》。

释义　秋霜渐重，秋风渐寒，重阳节即将来临。溪水边丛丛野菊盛开，花朵熠熠闪光，金黄灿烂，花香四溢，沁人心脾。熠熠，光耀、鲜明。

赏析　诗人抓住"霜风""野菊"等典型事物进行勾勒，生动地表现了深秋重阳节前夕的景观。霜风阵阵，令人顿生凉意，菊香习习，又使人心旷神怡，两种感觉交互作用，秋意正浓，所以又引起了诗人的思亲之情。

范例　"霜风渐欲作重阳，熠熠溪边野菊香。"又是一年重阳节，尊老敬老是重阳节不变的主题，今天我要陪爷爷奶奶度过一个愉快的节日。

C 植物天地

C01 花草

芳草鲜美，落英缤纷。　　　　　　　　　　　　　　C01-01

- 出处　东晋·陶渊明《桃花源记》。
- 释义　花草鲜嫩美丽，地上的落花繁多交杂。
- 赏析　这两句写的是桃花林的景象，引出了一个美好娴静、质朴自然的世界。
- 范例　每年三月，杭州桐庐山花节在阳山畈村如期开幕，最经典的去处便是桃花谷，"芳草鲜美，落英缤纷"，桃花与油菜花相映成趣。

梅花一时艳，竹叶千年色。　　　　　　　　　　　　C01-02

- 出处　南朝宋·鲍照《中兴歌》。
- 释义　梅花开得很鲜艳只是一时罢了，竹叶才能千年保持着青翠的绿色。
- 赏析　这两句通过梅花和竹叶的对比，突出了竹叶朴素无华、青翠长存的品格。可用来咏竹或竹叶，也可引申其义，用来颂扬永葆本色的人或事物。反衬对比的写作手法，可以借鉴。

范例 魏晋南北朝时期，士人们赞颂松、竹抗寒品质的诗篇有很多，如鲍照《中兴歌》："梅花一时艳，竹叶千年色。愿君松柏心，采照无穷极。"这首诗赞美了松与竹的岁寒不改，千年一色。

C01-03

庭草无人随意绿。

出处 隋代·王胄《燕歌行》。

释义 庭院的芳草新绿，随意生长，可是无人去欣赏。

赏析 人迹罕至的庭院，青草在疯狂生长。这句诗不但写出了春草失控般的旺盛，青草肆意的绿，而且"无人""随意"让诗人笔下的青草活泼可爱，趣味盎然。

范例 "庭草无人随意绿，槐蘖嫩芽抽紫穗。"新民家的院子里长满苦参，那些从老槐根部蘖出的紫穗槐的嫩芽，居然长出一排排茸茸的缨穗。（摘自沈炜道《你的故乡在哪儿——纪念王新民先生》）

C01-04

乱花渐欲迷人眼，浅草才能没马蹄。

出处 唐代·白居易《钱塘江春行》。

释义 纷繁的花朵渐渐开放使人眼花缭乱，浅浅的青草刚刚够上遮没马蹄。

赏析 这两句写的是作者俯察所见的花草。因为是早春，还未到百花盛开季节，所以能见到的尚不是姹紫嫣红开遍，而是东一团，西一簇，用一个"乱"字来形容。而春草也还没有长得丰茂，仅只有没过马蹄那么长，所以用一个"浅"字来形容。

这一联中的"渐欲"和"才能"又是诗人观察、欣赏的感受和判断，这就使客观的自然景物化为带有诗人主观感情色彩的眼中景物，使读者受到感染。

范例 "乱花渐欲迷人眼，浅草才能没马蹄。"万物复苏的早春时节，我们迎来了一年一度的植树节。

桃花一簇开无主，可爱深红爱浅红。

出处 唐代·杜甫《江畔独步寻花七绝句（其五）》。

释义 一株无主的桃花开得正盛，究竟是爱深红还是更爱浅红呢？

赏析 在诗人笔下，桃花一簇，深浅放红，然主人已逝，字里行间，流露出淡淡的哀愁。不过"可爱深红爱浅红"句，用了两个"爱"字，两个"红"字，表现诗人对花之美的欣悦。

范例 "桃花一簇开无主，可爱深红爱浅红。"春光弥漫，万象更新，春雨过后，朵朵桃花，绽如烟火，点缀于枝干之上，轻舞于丛叶之中。

红入桃花嫩，青归柳叶新。

出处 唐代·杜甫《奉酬李都督表丈早春作》。

释义 在大好的春天里，红色的桃花娇嫩吐艳，青色的杨柳新抽枝叶。

赏析 这两句实写春景，用笔舒缓，说岁序更新，桃嫩柳青，春色堪娱。"入""归"二字，炼字极活，为句中之眼，字字皆响，与他人随意点缀者不同，是化腐为新之法。"入""归"二字极生动、传神地写出早春的意蕴，写出生命的复苏与萌动。

[范例] "红入桃花嫩，青归柳叶新。"走进晋阳湖公园，桃花与碧水相伴，春风与桃花相约。

C01-07 柳色黄金嫩，梨花白雪香。

[出处] 唐代·李白《宫中行乐词八首（其二）》。

[释义] 春日杨柳的嫩芽，色泽像黄金，梨花似白雪般洁白，散发着芳香。

[赏析] 柳色如金，梨花似雪，为寻常比喻。但以"嫩"和"香"点染，则柔枝轻摇，如睹其形；雪海氤氲，如嗅其馨。虽着意点染，但仍极自然，不露雕琢痕迹。

[范例] 四月桃花五月梨，如今正是"柳色黄金嫩，梨花白雪香"的季节，这里漫山遍野的梨花竞相开放，迎来最佳赏花期。

C01-08 清水出芙蓉，天然去雕饰。

[出处] 唐代·李白《经乱离后天恩流夜郎忆旧游书怀赠江夏韦太守良宰》。

[释义] 宛如出清水的芙蓉，有大自然天然去雕饰。

[赏析] 雕饰：指文章雕琢。这两句诗喻指文学作品要像芙蓉出水那样自然清新。表示了李白自己对诗歌的见解，主张纯美自然。

[范例] "清水出芙蓉，天然去雕饰。"中山公园荷花睡莲展终于与游客见面了。赏夏日清荷，品幽幽睡莲，真是别有一番雅致情趣。

落时犹自舞，扫后更闻香。

C01-09

出处 唐代·李商隐《和张秀才落花有感》。

释义 花在凋谢的时候尚且翩翩起舞，被扫到一处以后越发可闻到花的余香。

赏析 前句是从视觉感受写，后句是从嗅觉感受写。落花不因凋零而呈现衰飒之态，不仅"犹自舞"，而且令人"更闻香"，这种精神实可嘉许。可用来咏落花。

范例 尽管樱花"落时犹自舞，扫后更闻香"，毕竟岁华尽摇落，芳意竟何成！这种感觉，使人平添了一份危机感。（摘自张真《樱花国度赏樱花》）

莫羡三春桃与李，桂花成实向秋荣。

C01-10

出处 唐代·刘禹锡《答乐天所寄咏怀，且释其枯树之叹》。

释义 不要只羡慕三春时节盛开的桃李，要知道桂花飘香，结实成果，茂盛的时候却是在秋季。

赏析 这两句诗属劝慰之辞，可见其对友人的关怀与勉励，以物寓情，富含哲理，发人振奋。

范例 "莫羡三春桃与李，桂花成实向秋荣。"转眼间，秋天已经来了，在街边绿地旁、公园里，你是否闻到了桂花的浓香？

C01-11

唯有牡丹真国色，花开时节动京城。

出处 唐代·刘禹锡《赏牡丹》。

释义 只有牡丹才是真正的天姿国色，到了开花的季节引得无数的人来欣赏，惊动了整个京城。

赏析 "国色"，旧指一国中最美的女子。这里用来比喻牡丹，便将牡丹的超群姿色表现了出来。"真"字虽是副词，却加强了语气；"唯有"是一种不二的选择，增强了评赏的分量。"花开时节动京城"既反映了京城人赏花倾城而动的习俗，又从侧面衬托了牡丹花的诱人魅力；正是由于它具有令人倾慕的"国色"，才使得"花开时节"京城轰动，人们奔走相告，争先赏玩。

范例 千年来，牡丹以其雍容华贵的姿态傲然屹立于群芳之首，被誉为"花中之王"。刘禹锡诗曰"唯有牡丹真国色，花开时节动京城"，表达了国人对牡丹的喜爱。

C01-12

林花扫更落，径草踏还生。

出处 唐代·孟浩然《春中喜王九相寻》。

释义 树林里的花儿开了又谢，扫也扫不完；小径上翠绿的青草呀，充满了勃勃生机，踏上去之后，很快就又可以生长起来。

赏析 林花已经开到极致，开至荼靡花事了，灿烂之后就是伤逝的开始了，显然林花已经开始凋零了，代表春天也即将逝去，但在作者心里的惋惜是不明显的，而是对更加灿烂的生命寄予希望，这一点从径草的"踏"而"还生"可以看出来。

范例 "林花扫更落，径草踏还生。"你看那二月里的湖水呀，是那么清澈，鸟儿成群结队欢乐地鸣叫——真是春意盎然啊！

桂子月中落，天香云外飘。

出处 唐代·宋之问《灵隐寺》。

释义 中秋时节寺中桂花飘落，佛香冉冉好似飘向天外的云雾。

赏析 这两句是吟咏桂花的名句。这里的"桂子"指的是桂花，"桂子月中落"是说，相传每到中秋夜晚，桂花便从月中纷纷落到人间，那是月中的嫦娥掷与人的。"天香云外飘"，这句紧扣灵隐寺，写寺中香火之盛。作者言灵隐寺中的香火可以从人间飘到了天边的白云上，这种香与月中桂花的香浑融在一起，十分精妙。"天香"一词，自此以后，也成为桂花的美称。

范例 "古桂飘香"是秋日颐和园的一个文化符号，很多市民都会选择在颐和园里赏桂花、过中秋。一年一度的"颐和秋韵"桂花文化展期间，上百盆盆栽桂花花满枝头，清香四溢，营造出了"桂子月中落，天香云外飘"的诗情画意。

海棠不惜胭脂色，独立蒙蒙细雨中。

出处 宋代·陈与义《春寒》。

释义 娇嫩的海棠，毫不吝惜鲜红的花朵，独自在寒风冷雨中默默开放着。

[赏析] 海棠经雨打风吹,像湿透的胭脂一样,会有所残败。但诗人眼中的海棠,却是那样的傲然不屈:"不惜"娇色、"独立"风雨。花木不会有什么情感,有情的只是诗人。此时的海棠不再是海棠,而是诗人的化身——风流、雅致,还有孤傲的品格。

[范例] "海棠不惜胭脂色,独立蒙蒙细雨中。"公园里的海棠花竞相开放,红中带粉,如胭脂点点,在春雨的滋润下风姿绰约,娇艳迷人。

C01-15

花如解语迎人笑,草不知名随意生。

[出处] 宋代·李彭《春日怀秦髯》。

[释义] 鲜花也晓言语,向人笑脸相迎。野草自由生长,谁个知它名称?

[赏析] 无边春草,新绿欲滴,放眼花卉,撩人欲醉,春天的气息十分浓郁。"花如解语"化用典故,创造新的意境。诗人采用拟人法,既写出一派明媚景象、蓬勃生机,又写出人们的欢愉心情。

[范例] "花如解语迎人笑,草不知名随意生。"春来风光好,郊游正当时。春天是赏花的好时节,让我们徜徉在这一片姹紫嫣红的花海之中吧!

C01-16

梅须逊雪三分白,雪却输梅一段香。

[出处] 宋代·卢钺《雪梅》。

| 释义 | 说句公道话，梅花须逊让雪花三分晶莹洁白，雪花却输给梅花一段清香。

| 赏析 | 这两句是诗人对梅与雪的评语。就洁白而言，梅比雪要差一些，但是雪却没有梅花的香味。"三分"形容差得不多，"一段"将香气物质化，使人觉得香气可以测量。前人已经注意到梅与雪的这些特点，但是此诗将梅与雪的不同特点用两句诗概括了出来，写得妙趣横生。

| 范例 | 济南千佛山的蜡梅迎来了绽放季。"梅须逊雪三分白，雪却输梅一段香。"蜡梅与雪景交相辉映，带来别样的体验。

零落成泥碾作尘，只有香如故。

| 出处 | 宋代·陆游《卜算子·咏梅》。

| 释义 | 即使凋零了，被碾作泥土，又化作尘土了，梅花依然和往常一样散发出缕缕清香。

| 赏析 | 上句写梅花的悲惨遭遇，引起人们的同情，从写作手法说，仍是铺垫，是蓄势，是为了把下句的词意推上最高峰。虽说梅花凋落了，被践踏成泥土了，被碾成尘灰了，请看，"只有香如故"，它那"别有韵"的香味，却永远如故，一丝一毫也改变不了。作者从民族国家的利益出发，做出生命的表白。悲忧中透出一种坚贞的自信。词人借梅言志，曲折地写出险恶仕途中坚持高洁志行。

| 范例 | "零落成泥碾作尘，只有香如故。"花开花谢，是自然规律，凋零的梅花化作泥土，可依然让清香驻留人间。

C01-18

野花向客开如笑，芳草留人意自闲。

出处 宋代·欧阳修《再至西都》。

释义 野花向客人开怀大笑，芳草有着留恋闲人的自在。

赏析 这两句使用拟人手法来描写花草的洒脱自在，轻松欢快，让人也禁不住想加入花草的行列，融入大自然。

范例 草是洒脱的，"野花向客开如笑，芳草留人意自闲"。在和煦的春天，优雅地换上绿装；在炎热的夏天，尽情地舒展着翠叶；在金色的秋天，沐浴着融融的阳光；在严酷的冬天，不做声息地积蓄力量。（摘自彭根成《草有本心》）

C01-19

可使食无肉，不可居无竹。

出处 宋代·苏轼《於潜僧绿筠轩》。

释义 吃的饭菜里可以没有肉，但是居住的地方不能没有竹子。

赏析 苏轼出任杭州通判时，进入於潜县境"视政"。於潜僧慧觉在於潜县南二里的丰国乡寂照寺出家。寺内有绿筠轩，以竹点缀环境，十分幽雅。苏轼与僧慧觉游绿筠轩时，写下了这首《於潜僧绿筠轩》。"宁可食无肉，不可居无竹"是在称颂於潜僧，诗人又用了"可""不可"这样的选择而肯定的语气，一位超然不俗的高僧形象便立刻跃然纸上。

范例 "可使食无肉，不可居无竹。"这是古代豪气冲天的文人发出的宣言，足以看出竹子在人们心目中的崇高地位。

落红满路无人惜，踏作花泥透脚香。

出处　宋代·杨万里《小溪至新田四首（其四）》。

释义　掉落满地的落花无人怜惜，人们来来往往把花踏成泥，沾着满身满脚的香气。

赏析　这是描写暮春落红的诗句。"落红满路"，一片凄惨之象。在"无人惜"三字里，已包含了诗人深深的爱惜之情。落红虽可叹，但尚有花香浓郁，也可以聊以自慰了。"透脚香"三字写得绝妙，脚本不可以透，也无法嗅出花之香否，但诗人偏要这样写，设想十分新奇。

范例　"落红满路无人惜，踏作花泥透脚香。"落花带着人们曾经的赞美和思念，将自己融入到芬芳的大地，用毕生心血诠释了无私奉献，悄然创造新生命的真正意涵。

接天莲叶无穷碧，映日荷花别样红。

出处　宋代·杨万里《晓出净慈寺送林子方》。

释义　密密层层的荷叶铺展开去，一片无边无际的青翠碧绿，像与天相接，阳光下的荷花分外鲜艳娇红。

赏析　连天"无穷碧"的荷叶和映日"别样红"的荷花，不仅是春、秋、冬三季所见不到，就是夏季也只在六月中荷花最旺盛的时期才能看到。诗人抓住了这盛夏时特有的景物，概括而又贴切。看似平淡的笔墨，给读者展现了令人回味的艺术境地。

范例　每逢六至九月份，菏泽曹县黄河故道湿地风景区里荷叶田田、花开绰约呈现出"接天莲叶无穷碧，映日荷花别样红"的壮丽景象。

C01-22

枝间新绿一重重，小蕾深藏数点红。

- **出处** 金代·元好问《同儿辈赋未开海棠》。
- **释义** 海棠枝间新长出的绿叶层层叠叠的，小花蕾隐匿其间微微泛出些许的红色。
- **赏析** 海棠树枝叶茂盛，可是还没有开花，诗人驻足细看，发现这小小的、可爱的花蕾全都悄悄地"藏"起来了，并且是藏在枝叶茂盛的地方。作者这里用一个"深"字，表明海棠花的小，如不细心是不会被人发现的。
- **范例** "枝间新绿一重重，小蕾深藏数点红"，元好问先生的一首小诗，写尽了早春时节海棠的娇羞。

C01-23

春来谁作韶华主，总领群芳是牡丹。

- **出处** 明代·冯琦《牡丹》。
- **释义** 春天到了，百花盛开，有谁可以做这大好春光的主角呢？只有那傲视百花的牡丹才行。
- **赏析** 牡丹素以"花中之王"著称，立于万秀丛中，艳压群芳，出类拔萃。这两句诗常被人们用来赞赏牡丹。
- **范例** "春来谁作韶华主，总领群芳是牡丹。"当百花渐渐退出春天的舞台，牡丹迈着雍容的步伐缓缓而来，以倾国倾城的容貌，艳冠群芳。

落红不是无情物，化作春泥更护花。

[出处] 清代·龚自珍《己亥杂诗（其五）》。

[释义] 从枝头上掉下来的落花不是无情之物，即使化作春泥，也甘愿培育美丽的春花成长。

[赏析] 落红，本指脱离花枝的花，但是，它并不是没有感情的东西，即使化作春泥，也甘愿培育美丽的春花成长。不为独香，而为护花。诗人虽然脱离官场，依然关心着国家的命运，不忘报国之志，此句抒发了诗人至死仍牵挂国家的一腔热情，充分表达了诗人的壮怀，成为传世名句。

[范例] "落红不是无情物，化作春泥更护花。" 30年来，罗老师用真爱帮助一届又一届学生从校园振翅高飞。

千磨万击还坚劲，任尔东西南北风。

[出处] 清代·郑板桥《竹石》。

[释义] 历经无数的磨难和打击身骨仍然坚劲，任凭你刮东西南北风。

[赏析] 诗人用"千""万"两字写出了竹子那种坚韧无畏、从容自信的神态，可以说全诗的意境至此顿然而出。这时挺立在我们面前的已不再是几杆普通的竹子了，我们感受到的已是一种顽强不息的生命力，一种坚韧不拔的意志力，而这一切又都蕴涵在那萧萧风竹之中。

[范例] "千磨万击还坚劲，任尔东西南北风。" 郑板桥在《竹石》中赋予竹子挺拔、坚韧的品质。我也爱竹子，尤其爱它顽强的生命力。

C02 庄稼

C02-01

独出门前望野田，月明荞麦花如雪。

出处 唐代·白居易《村夜》。

释义 我独自来到前门眺望远处田野，明月映照下的荞麦花白如雪。

赏析 "月明荞麦花如雪"，这动人的景色感染了诗人，使诗人暂时忘却了他的孤寂，情不自禁地发出不胜惊喜的赞叹。

范例 "独出门前望野田，月明荞麦花如雪"，诗人曾经将荞麦花的美记录在了诗中。初秋，正是荞麦花开的季节，它们或粉红或洁白，星星点点，美不胜收，为大地增添了无限生机。

C02-02

碧毯线头抽早稻，青罗裙带展新蒲。

出处 唐代·白居易《春题湖上》。

释义 早稻犹如一块巨大的绿色的毛毯上抽出的绒头，舒展的新蒲像少女身上飘曳的罗裙飘带。

赏析 在山水诗中嵌入农事，弄不好会雅俗相悖，很不协调，而白居易却别出心裁地把农事诗化了。这精妙新奇的比喻本身不仅体现出作者对湖区人民的关怀，同时，在诗的写作上也是一种变革、一种可贵的创新。

范例 六月熟的稻子有个美称"蝉鸣稻"。那秧苗抽高时，正好是春天清明时节，苗子青青嫩嫩充满清新的朝气，像是碧毯抽线头，白居易诗就这么描写："碧毯线头抽早稻，青罗裙带展新蒲。"

稻花香里说丰年，听取蛙声一片。

出处 宋代·辛弃疾《西江月·夜行黄沙道中》。

释义 田里稻花飘香，蛙声阵阵，似乎在告诉人们今年是一个丰收年。

赏析 漫村遍野的稻花香扑面而来，词人由此联想到即将到来的丰年景象。此时此地，词人与人民同呼吸的欢乐，尽在言表。

范例 暮色四合，几点星光在天幕中闪烁；微风吹来，稻田里轻轻地掀起了波浪，空气中飘荡着稻花的香味。此时，蛙声四起，乡村的夜晚更加宁静。如果你处在这样的环境里，一定会脱口而出："稻花香里说丰年，听取蛙声一片。"（摘自伍晓芳《〈西江月·夜行黄沙道中〉：稻花香里说丰年》）

麦陇风来翠浪斜，草根肥水噪新蛙。

出处 宋代·周密《野步》。

释义 风吹返青的麦苗，麦起伏向远方绵延，小青蛙在水洼草根处不停地叫着。

赏析 春天的麦田是如草地般的绿色，东风吹过，麦田里一阵翠浪软软向远方飘去。稻田里的肥水滋养着新生的青蛙，让它们尽情欢叫。作者以清新悠雅的语言风格，描绘了春日野步所得之景，抒发了自己淡然闲适、钟情田园的感情。

[范例] "麦陇风来翠浪斜，草根肥水噪新蛙"，是古人笔下的田园诗画。如今，这番趣景正在紫薇镇石前村上演：每块田间是长势喜人的水稻，稻田周围和上方搭起了防护网，正在觅食的小青蛙，一听见响动，便迅速跳开到隐蔽的地方躲藏。（摘自韩梅《紫薇镇：生态稻 致富蛙》）

C02-05

一水护田将绿绕，两山排闼送青来。

[出处] 宋代·王安石《书湖阴先生壁》。

[释义] 庭院外一条小河守护着田地，将绿苗紧紧环绕；两座青山打开门来，为人们送来绿色。

[赏析] "一水护田"加以"绕"字，正见得那小河曲折生姿，环绕着绿油油的农田，这不恰似一位母亲双手护着小孩的情景吗？至于"送青"之前冠以"排闼"二字，更是神来之笔。

[范例] "一水护田将绿绕，两山排闼送青来。"我们期待着，所有散落在大地上平凡的村庄，都能拥有如此诗意的风情；所有生活于此的善良的人们，都能找到自己安身立命的归属。

C02-06

喜看稻菽千重浪，遍地英雄下夕烟。

[出处] 毛泽东《七律·到韶山》。

[释义] 再喜看大片庄稼如浪涛滚滚，尽是农民英雄们在暮色中收工归来。

[赏析] 这两句诗写韶山稻浪滚滚，丰收在望，人人奋发，安居乐业，这是革命先烈理想的实现，也是对长眠地下的先烈的最好告慰。

[范例] "喜看稻菽千重浪，遍地英雄下夕烟。"金秋时节，正是农村秋收秋种的大忙季节，一片金色的稻田里，只见收割机具一字排开，收割着沉甸甸的稻穗。繁忙的景象映入眼帘，丰收的喜悦涌上心头。

> 那一片待收获的高粱，枝叶在阳光雨露中已由青泛黄，各顶着一丛丛紫色颗粒，在微风中特具萧瑟感，同时也可从成熟状态中看出这一年来人的劳力与希望结合的庄严。

[出处] 沈从文《绿魇》。

[赏析] 作者对"收获的高粱"进行了细致的描写，突出了成熟后的高粱特有的萧瑟感，同时，将高粱的成熟跟人的劳作相结合，在赞美高粱的同时，也歌颂了人的辛劳。

[范例] 我走在山村的小路上，尽情饱览着在城市所不能见到的田野风光。身后"那一片待收获的高粱，枝叶在阳光雨露中已由青泛黄，各顶着一丛丛紫色颗粒，在微风中特具萧瑟感，同时也可从成熟状态中看出这一年来人的劳力与希望结合的庄严"。

C03 树木

C03-01

草木秋死，松柏独在。

出处 西汉·刘向《说苑》。

释义 一般的草木到秋天都死了、凋零了。只有松柏，即使在秋冬，仍然郁郁葱葱，生机盎然。

赏析 松柏具有苍古雄奇的风骨，虽在深秋寒冬，松柏也不会因缺水而干枯，保证了树木的生机永存。这两句诗既赞美松柏常青，也颂扬像松柏那样在严酷的环境中，依然坚贞挺拔而不改变节操的忠贞之士。

范例 松柏有玉洁冰清、傲立霜雪的高尚品格，有常青不老、经冬不凋的顽强意志。严寒酷暑不能使它改变，岁月流逝不能使它衰败，正所谓"草木秋死，松柏独在"。

C03-02

朝华之草，夕而零落；松柏之茂，隆寒不衰。

出处 西晋·陈寿《三国志》。

释义 早晨开花的植物，到晚上就凋谢了；而松柏青葱翠绿，即使在寒冬也毫不减色。

赏析 这几句话是将花草和松柏作对比，赞扬了松柏的常青不衰。这里也包含着一个道理：大凡事物发展过快则衰亡也快，缓慢稳定地发展则容易有圆满的成果。所以，德高才大的君子忌讳速成。

范例 "朝华之草，夕而零落；松柏之茂，隆寒不衰。"一个人要想成长成才，最好的办法就是善于沉潜、向下扎根。一旦"根系"发达，功底深厚，就能自然地开花结果。

木欣欣以向荣，泉涓涓而始流。

出处 东晋·陶渊明《归去来兮辞》。

释义 草木茂盛欣欣向荣，涓涓泉水缓缓流动。

赏析 这两句用的是互文的手法，描写事物的蓬勃发展，表达了作者洁身自好、不同流合污的精神，以及羡慕自然界的万物一到春天便及时生长茂盛，感叹自己的一生行将结束。

范例 "木欣欣以向荣，泉涓涓而始流。"今天迎来了雨水节气，东风解冻，万物复苏，春天就要来了！

北园有枣树，布叶垂重阴；外虽饶棘刺，内实有赤心。

出处 前秦·赵整《讽谏诗》。

释义 北方地区多生枣树，展开叶子形成浓密的树阴；枣树的外表虽然有很多的棘刺，但是树里却有红红的果子。

赏析 这是一首歌颂枣的诗，诗人赞扬了枣虽然外表"多棘刺"，但内"有赤心"。我们应该学习枣的精神，不张扬，不炫耀，外表看起来朴实无华，实际内藏大乾坤。

范例 "北国有枣树，布叶垂重阴。外虽饶棘刺，内实有赤心。"在我的家乡，田地边，道路旁，房前屋后，都有一棵枣树。枣树非常高大，枝干粗壮茂密，树皮比较粗糙。

C03-05　芙蓉露下落，杨柳月中疏。

【出处】北齐·萧悫《秋思》。

【释义】秋露在荷花叶面上滚动，一瓣瓣残花凋落在水中；月光笼罩着杨柳枝叶，那残枝仿佛又被夜色隐去了许多，只剩下几根疏条。

【赏析】诗句写了秋季夜露中花零叶落的破败景象，烘托出寂寞、凄苦的心境。"疏"字仿佛绘出一幅以线条为主的夜色图，简洁而有情韵。

【范例】"芙蓉露下落，杨柳月中疏"，是历代传诵的咏秋佳句。水中芙蓉与岸边杨柳遥遥相望，自是一幅绝美画卷；岸边的芙蓉与杨柳相依相映，亦不失凄绝美感。

C03-06　柳丝袅袅风缲出，草缕茸茸雨剪齐。

【出处】唐代·白居易《天津桥》。

【释义】和煦的春风吹绿了婀娜多姿的柳丝，犹如被春风缲出的细丝一般。一场春雨过后，芳草萌发，齐头生长，好像让春雨剪平了似的。缲：同"缫"，抽丝。

【赏析】诗人运用拟人手法，将风和雨比作制造美景的巧匠，简单两句就描绘出了柳枝、春草的动人之处。

【范例】春暖花开，阳光明媚，"柳丝袅袅风缲出，草缕茸茸雨剪齐"，今天我和几个好友一起去郊外踏春赏花，真是太开心了！

碧玉妆成一树高，万条垂下绿丝绦。

[出处] 唐代·贺知章《咏柳》。

[释义] 高高的柳树长满了嫩绿的新叶，轻垂的柳条像千万条轻轻飘动的绿色丝带。

[赏析] 第一句写树，将树拟人化，让人读时能感觉出柳树就像穿一身嫩绿，充满青春活力的少女。第二句就此联想到那垂垂下坠的柳叶就像是少女身上垂坠的绿色丝织裙带。

[范例] "碧玉妆成一树高，万条垂下绿丝绦。"柳树在春雨的洗礼下抽出枝条，小草偷偷地从土里钻出，在微风的吹拂下摆动着身子。

松柏虽寒苦，羞逐桃李春。

[出处] 唐代·李白《颍阳别元丹丘之淮阳》。

[释义] 松柏虽然寒苦，也羞以追逐桃李那样的艳春。

[赏析] "开花必早落，桃李不如松"，花开就有花谢，桃李虽然美艳一时，但却没有松柏坚贞长久。这两句诗就是将桃李与松柏对比，突出松柏坚贞的品质。"羞"字表明了松柏对桃李逐春的不齿。

[范例] 柏树自古以来就是坚韧品质的象征和写照，诗仙李白曾写下这样的诗句——"松柏虽寒苦，羞逐桃李春"，就是在赞叹柏树坚韧耐寒、不随时流的品质。

C03-09

岁老根弥壮，阳骄叶更阴。

出处 宋代·王安石《孤桐》。

释义 年岁越老，根越壮实；阳光越强，枝叶越显得茂盛葱郁。

赏析 这两句诗说的是梧桐树虽年老但根深叶茂，常用来形容人的阅历越深，经受考验越多，就越坚强。

范例 "岁老根弥壮，阳骄叶更阴。"像李奶奶这样的退休老年志愿者们在我们街道还有很多，他们在承担疫情防控工作之余，还对社区内孤寡老人提供心理辅导、情绪纾解、悲伤抚慰等心理关怀。

C03-10

几行红叶树，无数夕阳山。

出处 清代·王士禛《将至桐城》。

释义 斜阳西下，几行红叶树后是连绵起伏的大山。

赏析 诗人在路上看到了枫树，火红的树叶把道路两旁打扮得格外美丽，加上此时正值傍晚，山在夕阳的映衬下显得格外娇美。

范例 "几行红叶树，无数夕阳山。"秋高气爽，蓝天白云，当金黄和朱红染遍了整个山野，漫漫秋天自由奔放地呈现了一派自然风光，红叶争艳，景色分明，真是让人流连忘返。

C04 青苔

> 不堪红叶青苔地，又是凉风暮雨天。

出处 唐代·白居易《秋雨中赠元九》。

释义 青苔地上落满红叶，秋天的悲凉气氛，实令人不堪忍受，何况又是凉风劲吹，晚间落雨的天气。

赏析 这两句通过"红叶""青苔""凉风""暮雨"这些意象，将秋天悲凉的气氛渲染出来。以景寓情，委婉含蓄，虽语调沉郁，却韵味有致。

范例 诗词之中有四季，读"几处早莺争暖树，谁家新燕啄春泥"而知春早，读"水晶帘动微风起，满架蔷薇一院香"而明夏至，读"不堪红叶青苔地，又是凉风暮雨天"而懂秋去，读"夜来城外一尺雪，晓驾炭车辗冰辙"而晓冬深。

> 苔痕上阶绿，草色入帘青。

出处 唐代·刘禹锡《陋室铭》。

释义 苔痕蔓延到台阶上，使台阶都绿了；草色映入竹帘，使室内染上青色。

赏析 诗人以青苔和野草来比喻自己独立的人格，这是气节的写照，是不屈的宣言。

范例 这次旅游我们住的那个民宿，推窗即景，满眼是绿。偌大的庭院栽满树木，绿意肆意生长，真可谓"苔痕上阶绿，草色入帘青"。

C04-03

青苔满地初晴后,绿树无人昼梦余。

出处 宋代·刘攽《新晴》。

释义 夏日雨后初晴,午睡醒来,看到窗外满眼的绿树和青苔。

赏析 满地之苔则因久雨初晴,"绿树无人昼梦余"写午梦醒来之后心境宁静恬适。经过长时间雨洗之后,树更是绿油油的,多么令人惬意!

范例 雨后,天刚放晴的时候,满地的青苔显得更加青翠,充满了生机。这不由地让我想起一句诗:"青苔满地初晴后,绿树无人昼梦余。"

C04-04

青苔古木萧萧,苍云秋水迢迢。

出处 元代·张可久《天净沙·鲁卿庵中》。

释义 满院青苔一株株古树萧萧,苍云片片一江秋水迢迢。

赏析 "青苔古木萧萧",讲古木萧萧,青苔丛生。"萧萧"一词,一般用来形容木叶肃杀、飘落的情态,这里也用来衬托秋日山中凄清、古静的气氛。"苍云秋水迢迢",写水云的状貌。"苍云"是高空长云,有宏阔的气象;"秋水"有平沙落雁相伴,皆染秋色。"迢迢"修饰"秋水",结构同"萧萧"修饰"古木"一样。"秋水迢迢"突出秋水长空一色的景貌。

范例 "青苔古木萧萧,苍云秋水迢迢。"秋天总给人太多的惊叹和向往,色彩斑斓,如诗如画!

D 动物世界

D01 昆虫

穿花蛱蝶深深见，点水蜻蜓款款飞。 D01-01

[出处] 唐代·杜甫《曲江二首》。

[释义] 蝴蝶在花丛深处穿梭往来，蜻蜓在水面上款款而飞，时不时点一下水。

[赏析] 诗人满怀惜春之情观赏江头景物，描绘了这样一幅恬静、自由、美好的画面。

[范例] 各色蜻蜓，水塘中低飞，成就了古今诗人笔下的浪漫——杜甫有"穿花蛱蝶深深见，点水蜻蜓款款飞"，杨万里有"小荷才露尖尖角，早有蜻蜓立上头"，范成大有"日长篱落无人过，惟有蜻蜓蛱蝶飞"等等。

微萤不自知时晚，犹抱余光照水飞。 D01-02

[出处] 宋代·周紫芝《秋晚》。

[释义] 那些微小的萤火虫尚不知季节已经很晚了，还抱着一点点的余光照着水面飞行。

[赏析] 时值晚秋，萤火虫的生命快要终结了，但是这些小生命，不到最后一刻也不放弃它的光芒，哪怕只能照亮一小方天地，大有"春蚕到死丝方尽，蜡炬成灰泪始干"的风采。

范例 "微萤不自知时晚，犹抱余光照水飞。"夜空中，萤火虫就像一盏盏小灯笼，微弱的光亮可以启迪心智。

D01-03　明月别枝惊鹊，清风半夜鸣蝉。

出处　宋代·辛弃疾《西江月·夜行黄沙道中》。

释义　皎洁的月光从树枝间掠过，惊飞了枝头喜鹊，清凉的晚风吹来仿佛听见了远处的蝉叫声。

赏析　蝉在夜间的鸣叫声不同于烈日炎炎下的嘶鸣，而当清风徐来时，往往感到很清幽。总之，"惊鹊"和"鸣蝉"两句动中寓静，把半夜"清风""明月"下的景色描绘得令人神往。

范例　"明月别枝惊鹊，清风半夜鸣蝉。"夏日的夜晚是舒适又惬意的，晚饭后，沿着小巷散步谈心，走进公园享受清凉，随着味道寻觅美食，一整天的疲惫都消散了。

D01-04　穿花度柳飞如箭，粘絮寻香似落星。

出处　明代·吴承恩《西游记》。

释义　蜜蜂飞箭似的在花丛柳叶中忙碌穿梭。采花蜜蜂身粘柳絮，像是小小的流星。

赏析　这两句诗将蜜蜂比作"箭"和"落星"，生动展示了蜜蜂的动态美；"粘絮寻香"则是对蜜蜂习性的描写，有些蜜蜂喜欢收集植物上的绒毛做窝，而多数蜜蜂都喜爱芬芳的花朵。

范例　陈红工作细致，效率很高，无论在什么岗位上，她都是彻头彻尾的"急先锋"，用一句古诗形容特别贴切——"穿花度柳飞如箭，粘絮寻香似落星"。

D　动物世界

D02 禽鸟

池塘生春草，园柳变鸣禽。

[出处] 南朝宋·谢灵运《登池上楼》。

[释义] （不知不觉）池塘边已经长满了春草，园中柳条上的鸣禽也变了种类，换了声音。

[赏析] 诗人从冬去春回的众多景象中选择了一个细小而典型的镜头：不知不觉间楼外枯草瑟瑟的池塘里竟然春草繁生了；小园垂柳丛中禽鸟鸣声也已变换。正是从池塘小园的变化中，久病的诗人突然意识到，外面已是一派浓郁的春意。这里写景，有声有色，远近交错，充满了蓬勃生气。"池塘"二句为历来诗论家交口赞赏，它的妙处就在于自然清新，不假绳削。

[范例] "池塘生春草，园柳变鸣禽。"黑夜退去，晨曦初绽，疫情伴着春天的脚步逐渐离我们远去，二月兰带着希望与生机铺满草坪。此时已草长莺飞，春暖樱花开。

两个黄鹂鸣翠柳，一行白鹭上青天。

[出处] 唐代·杜甫《绝句》。

[释义] 两只黄鹂在翠绿的柳树间鸣叫，一行白鹭直冲向蔚蓝的天空。

[赏析] 诗人以不同的角度对美景进行了细微的刻画，显出早春生机之盛。上句中以"鸣"字最为传神，运用了拟人的手法把黄鹂描写得更加生动活泼，鸟儿成双成对，构成了一幅具有喜庆气息的生机勃勃的画面。而黄鹂居柳上而鸣，这是在静中

寓动的生机，下句则以更明显的动势写大自然的生气，白鹭在清新的天际中飞翔，这不仅是一种自由自在的舒适，还有一种向上的奋发。

范例 "两个黄鹂鸣翠柳，一行白鹭上青天。"这是唐代诗人杜甫在成都浣花溪草堂居住时写下的诗句。每每读起，都令人仿佛置身乡野之中，涌起淡淡的乡愁。

D02-03　春水初生乳燕飞，黄蜂小尾扑花归。

出处 唐代·李贺《南园十三首（其八）》。

释义 春天的河水刚刚涨起来，小燕子破壳而出在天空中飞舞，蜜蜂小小腹尾，采花嗡嗡回归。

赏析 南园的春天，生机勃勃，富有意趣。春水初生，乳燕始飞，蜂儿采花酿蜜。这两句诗正是抓住了这些极具春天特征的景物，而且描绘得生动传神，读来令人神清气逸。

范例 "春水初生乳燕飞，黄蜂小尾扑花归。"春天的金丝峡是充满诗意的，漫步金丝峡，只见山花漫野，姹紫嫣红、争奇斗艳；那一山一石，一潭一瀑让人目不暇接，处处皆是景，景景可入诗。

D02-04　鹅鸭不知春去尽，争随流水趁桃花。

出处 宋代·晁冲之《春日》。

释义 鹅鸭不知道春天即将过去，争相追逐着那些漂浮在水上的桃花。

[赏析] 北宋诗人苏轼有名句"春江水暖鸭先知",描写的是初春时熟悉的场景,表达了一种见微知著的道理。而"鹅鸭不知春去尽,争随流水趁桃花"两句则描写晚春情境,不仅有所创新,而且托物寓意,令人耳目一新,字里行间流露了诗人对三春已尽的愧惜之情。

[范例] 走近大井水库,这里水天一线,碧波荡漾,一群憨态可掬的鸭子,一群曲项向天歌的白鹅,不禁让人想起宋朝诗人晁冲之的诗句:"鹅鸭不知春去尽,争随流水趁桃花。"

鸟儿将窠巢安在繁花嫩叶当中,高兴起来了,呼朋引伴地卖弄清脆的喉咙,唱出宛转的曲子,与轻风流水应和着。

D02-05

[出处] 朱自清《春》。

[赏析] 此句用的是拟人修辞格。鸟儿都来"卖弄"歌喉,它们宛转的曲子"与轻风流水应和着"。作者以"鸟唱"等鸟儿欢快的表现,衬托出人们愉悦的心情,反映出春天给人们、鸟儿、大地上的一切生灵带来了欢愉。

[范例] "鸟儿将窠巢安在繁花嫩叶当中,高兴起来了,呼朋引伴地卖弄清脆的喉咙,唱出宛转的曲子,与轻风流水应和着。"20世纪30年代,作家朱自清笔下的鸟儿和它们的生活自由自在。今天,都市飞鸟的生活却是另一个画面:它们的生物周期被城市的光污染扰乱,它们的歌唱淹没在汽车的鸣笛声和嘈杂的环境中,噪声甚至还会干扰它们的认知功能。(摘自冯丽妃《光噪污染影响鸟类存亡》)

D03 走兽

D03-01　猛虎潜深山，长啸自生风。

- 出处：南朝宋·谢惠连《猛虎行（其二）》。
- 释义：猛虎即使潜藏在深山中，它一旦长长地呼啸，也会产生使人敬畏的声势。
- 赏析：老虎是独来独往的猛兽，即便是圈养，也不失山林之气，更不要说是潜藏在深山中的猛虎。这两句诗简洁生动地刻画了老虎的本性，也以此表现志士不因艰险改节。
- 范例："猛虎潜深山，长啸自生风。"愿大家在新的一年里，如虎添翼，健康如意，吉祥顺遂。

D03-02　两岸猿声啼不住，轻舟已过万重山。

- 出处：唐代·李白《早发白帝城》。
- 释义：两岸猿声还在耳边不停地回荡，轻快的小舟已驶过万重青山。
- 赏析：古时长江三峡，常有高猿长啸。为了形容船快，诗人除了用猿声山影来烘托，还给船的本身添上了一个"轻"字。身在这如脱弦之箭、顺流直下的船上，诗人感到十分畅快和兴奋。
- 范例："两岸猿声啼不住，轻舟已过万重山。"唐代诗仙李白途经壮丽险峻的三峡时留下的千古名句，传神地描写出客船驶过惊涛骇浪、千山万岭时诗人轻松喜悦的心情。

> 霜落熊升树，林空鹿饮溪。

[出处] 宋代·梅尧臣《鲁山山行》。

[释义] 霜雪融落，笨熊正在缓慢地爬着大树，山林空荡寂静野鹿正在小溪旁饮水。

[赏析] "霜落"点明了时令，霜落叶稀，因此看到"熊升树""鹿饮溪"，而平时因为树叶茂密，遮断视线，这些野景是很难见到的。此两句互文见意，动静结合，写"山行"所见的动景，充满大自然的野生意趣。

[范例] "霜落熊升树，林空鹿饮溪。人家在何许？云外一声鸡。"北宋大诗人梅尧臣的一首《鲁山山行》，为我们描绘了一幅原生态的画面，留给人不尽的遗思余韵。

> 爪牙淬霜戟，眼睛耀铜铃。轻猥更健捷，群兽此最灵。

[出处] 宋代·连文凤《吠犬》。

[释义] 爪牙锋利，可以用来打磨霜戟，眼睛硕大有神，就像铜铃一样耀眼。体态轻盈，外貌粗鄙，动作敏捷矫健，在众多兽类中可以说是最灵敏的。

[赏析] 这几句诗对狗的描写生动形象，爪牙锋利、眼睛有神、动作矫健灵敏，不但表明了狗的护主之心，也表现了诗人的爱狗之心。

[范例] 狗对主人是很忠诚的，当主人遇到危险时，它会亮出锋利的爪牙、坚毅的眼神来护主，正如宋人连文凤的《吠

犬》所言:"爪牙淬霜戟,眼睛耀铜铃。轻猥更健捷,群兽此最灵。"

D03-05　　雪猫戏扑风花影。

[出处] 宋代·秦观《蝶恋花》。

[释义] 猫儿在柔柔春风里嬉戏,轻扑花影。

[赏析] 这句诗刻画的是猫儿在春风中嬉戏闹腾、轻扑花影的活泼形象,生动美好,意境感十足。

[范例] 古人对猫的喜爱,可以从"雪猫戏扑风花影"的俏皮以及"买鱼穿柳聘衔蝉"的郑重中看出来,而现代人对猫的喜爱,更是有过之而无不及。

D03-06　　金眸玉爪目悬星,群兽闻知尽骇惊。

[出处] 明代·夏言《狮子》。

[释义] (雄狮)金瞳玉爪,目如悬星,群兽听见它来都惊恐胆慑。

[赏析] 狮子古称"兽中之王"。雄狮体魄雄壮,头大脸阔,从头到颈有鬣,十分威武。这两句诗以群兽见狮子而惊骇不已,尽为所驱,衬托狮子威风凛凛的形象。

[范例] "金眸玉爪目悬星,群兽闻知尽骇惊。"狮,兽中之王,智慧和力量的化身,最常见的吉祥神兽。自古以来,我国民俗文化中就有用石雕狮子镇宅守院的习俗。

D04 牲畜

竹批双耳峻，风入四蹄轻。

D04-01

出处 唐代·杜甫《房兵曹胡马诗》。

释义 它的两耳如斜削的竹片一样尖锐，奔跑起来四蹄生风，疾速轻盈。批，削。

赏析 "批"和"入"两个动词极其传神。前者写双耳直竖，有一种挺拔的力度；后者不写四蹄生风，而写风入四蹄，别具神韵。"峻"写马的气概，"轻"写它的疾驰，都显示出诗人的匠心。

范例 在人们的心目中，马是一种外表十分神俊的动物，杜甫曾经写诗赞美："胡马大宛名，锋棱瘦骨成。竹批双耳峻，风入四蹄轻。"

但得众生皆得饱，不辞羸病卧残阳。

D04-02

出处 宋代·李纲《病牛》。

释义 但是它为了众生都能吃饱，即使拖垮了病倒卧在残阳之下，也在所不辞。

赏析 这两句诗将病牛与"众生"联系起来写，以"但得"与"不辞"对举，强烈地抒发了病牛不辞羸病，一心向着众生的志向。结句中的"残阳"是双关语，既指夕阳，又象征病牛的晚年，它与"卧"等词语相结合，有助于表现老牛身体病弱却力耕负重、死而后已的精神。

范例 "但得众生皆得饱,不辞羸病卧残阳。"他的一生像牛一样不辞羸病、任劳任怨,全心全意地为人民服务。

D04-03　　牛羊散漫落日下,野草生香乳酪甜。

出处 元代·萨都剌《上京即事》。

释义 牛羊在落日下散步,空气中弥漫着野草的清香和乳酪的香甜。

赏析 这两句写夕阳映照的草原牛羊遍地,野草生香,空气中布满乳酪的甜味,表现了边疆风景的宁静和煦,描绘了恬静的草原暮色。

范例 盛夏的呼伦贝尔大草原一片碧绿,一派"牛羊散漫落日下,野草生香乳酪甜"之景。

D04-04　　塞沙茫茫出关道,骆驼夜吼黄云老。

出处 元代·陈孚《居庸叠翠》。

释义 夜晚在塞外漫漫黄沙的路上,驼队发出的吼叫声让黄色的云气越积越厚。

赏析 这两句诗描写了环境的荒凉、气候的恶劣,描绘了一种苍凉、幽旷、寂静的意境。"沙茫茫""骆驼夜吼"让人望而生畏。

范例 塞沙茫茫出关道,骆驼夜吼黄云老——骆驼作为丝绸之路上重要的交通工具,陪伴古人跨越茫茫戈壁,打通了连接中西方的商道,也成为不畏艰险、吃苦耐劳的象征。

D05 鱼虾

鱼戏莲叶间。鱼戏莲叶东，鱼戏莲叶西，鱼戏莲叶南，鱼戏莲叶北。

D05-01

- **出处** 汉乐府《江南》。
- **释义** 鱼儿在莲叶间嬉戏。鱼一会儿在莲叶的东边嬉戏，一会儿在莲叶的西边嬉戏，一会儿在莲叶的南边嬉戏，一会儿又在莲叶的北边嬉戏。
- **赏析** 这几句诗以简洁明快的语言，回旋反复的音调，优美隽永的意境，清新明快的格调，勾勒了一幅明丽美妙的图画。一望无际的碧绿的荷叶，莲叶下自由自在、欢快戏耍的鱼儿……多么秀丽的江南风光！多么宁静而又生动的场景！
- **范例** "鱼戏莲叶间。鱼戏莲叶东，鱼戏莲叶西，鱼戏莲叶南，鱼戏莲叶北。"江南是中国人心中的胜地。碧绿的莲叶，娇美的采莲女，让人神往。

细雨鱼儿出，微风燕子斜。

D05-02

- **出处** 唐代·杜甫《水槛遣心（其一）》。
- **释义** 细雨蒙蒙，鱼儿欢快地跃出水面；微风习习，燕子倾斜着掠过天空。
- **赏析** 诗人遣词用意精微细致，描写十分生动。"出"写出了鱼的欢欣，极其自然；"斜"写出了燕子的轻盈，逼肖生动。诗人细致地描绘了微风细雨中鱼和燕子的动态,其意在托物寄兴。这二句诗流露出作者热爱春天的喜悦心情,是历来为人传诵的名句。

[范例] 我是喜雨的,最令我心仪的雨不仅有"细雨鱼儿出,微风燕子斜"的春雨,还有"梧桐更兼细雨,到黄昏点点滴滴"的秋雨,当然也离不开震撼人心的狂风暴雨。

D05-03

双箝鼓繁须,当顶抽长矛。鞠躬见汤王,封作朱衣侯。

[出处] 唐代·唐彦谦《索虾》。

[释义] (虾)长着两只螯,触须繁多,虾头上还伸出长矛似的刺。见了汤王弯腰行礼,被封作朱衣侯。

[赏析] 这四句诗将虾的形态特征做了创造性的表达。前两句根据虾的外表把它描绘成了一个卫士的形象,后两句其实说的是虾做熟后的样子,"鞠躬"说明虾身是弯曲的,"汤王"可以理解成开水,"朱衣侯"是指虾经过开水烹煮变成了红色,所以说被"封作朱衣侯"。

[范例] "双箝鼓繁须,当顶抽长矛。鞠躬见汤王,封作朱衣侯。"这几句诗说的是一种动物,而且是我最喜欢的一种动物。你能猜出它是什么吗?

D05-04

方池如鉴碧溶溶,锦鲤游扬逐浪中。

[出处] 宋代·祝庆夫《池鱼》。

| 释义 | 碧波荡漾的方形池塘就像一面大镜子，各种颜色的鲤鱼在水池中嬉戏畅游，追逐浪花。

| 赏析 | 这两句诗仿佛把读者带到一幅春暖花开的美丽画卷中。宽阔清澈的池水中，锦鲤游戏逐浪，诗人站在池旁，看水天一色，锦鲤如神龙一样高高跃起。

| 范例 | "方池如鉴碧溶溶，锦鲤游扬逐浪中。"走在池塘边的碎石上，低头往水中望去，依稀看到一群一群的小鱼儿在欢快地游来游去，小虾在石缝里慢慢地探出头，听到一点儿动静又缩回头去。

跳跃灵于蟹，峥嵘势若龙。

D05-05

| 出处 | 熊鉴《虾》。

| 释义 | 活蹦乱跳，比螃蟹灵巧；样貌不凡，有龙的气势。

| 赏析 | 这两句诗描写了虾的英雄形象。活蹦乱跳，活力非凡。长须极有风度，游水的气派很像龙。

| 范例 | 这只大虾有很多又细又长的腿，身子下面的小腿是扁平的，像桨一样，正在一个劲儿地摆动，它就是靠这些腿的摆动来前进的。它在盆里游来游去，样子很威武。这使我想起了当代诗人熊鉴的一句诗："跳跃灵于蟹，峥嵘势若龙。"

E 地理名胜

E01 山岳

E01-01 山气日夕佳，飞鸟相与还。

- **出处** 东晋·陶渊明《饮酒（其五）》。
- **释义** 傍晚时分南山景致甚佳，雾气峰间缭绕，飞鸟结伴而还。
- **赏析** 诗人从南山美景中联想到自己的归隐，从中悟出了返璞归真的哲理。陶渊明的诗不尚藻饰，不事雕琢，明白如话，朴素自然。这种貌似平淡实则醇美的特色，实为一种更高的艺术境界。
- **范例** "山气日夕佳，飞鸟相与还。"这幅亘古唯美的画卷离不开两个要素：葱郁的森林、清新的空气。

E01-02 会当凌绝顶，一览众山小。

- **出处** 唐代·杜甫《望岳》。
- **释义** 定要登上那最高峰，俯瞰在泰山面前显得渺小的群山。
- **赏析** 这两句诗突出了泰山的高峻，写出了雄视一切的雄姿和气势，也表现出诗人不怕困难、敢于攀登绝顶、俯视一切的雄心和气概。这就是这两句诗一直为人们所传诵的原因。

范例 "会当凌绝顶，一览众山小"，这正是北京冬奥会运动员们奋力拼搏的真实写照。

江作青罗带，山如碧玉簪。

E01-03

出处 唐代·韩愈《送桂州严大夫同用南字》。

释义 那里的江河蜿蜒曲折，如青罗带一样柔曼迤逦，那里的山如碧玉簪一样翠绿俊秀。

赏析 桂林之奇，首先奇在地貌。由于石灰岩层受到水的溶蚀切割，造成无数的石峰，千姿百态，奇特壮观。漓江之水，则清澈澄明，蜿蜒曲折。"江作青罗带，山如碧玉簪"，极为概括地写出了桂林山水的特点，是千古脍炙人口之佳句。

范例 北崔崖遇龙河景区以山青、水秀、洞奇、石美而闻名，常年流水的小溪蜿蜒如一条玉带，周围奇峰竞秀，两岸风光如画，让人品味出"江作青罗带，山如碧玉簪"的神韵。

泰山嵯峨夏云在，疑是白波涨东海。

E01-04

出处 唐代·李白《早秋单父南楼酬窦公衡》。

释义 泰山顶上夏云嵯峨，山上有山，好像是东海白浪连天涌。

赏析 这两句诗用夸张和比喻修辞手法描写泰山高峻之貌和泰山云海的奇幻。泰山云海是泰山特有自然奇观之一，一般出现在夏天，逢雨后初晴，大量水蒸气上升至海拔1500米左右时，泰山之巅就会云海翻腾，犹如海浪般吞没远处的群山。

范例 "泰山嵯峨夏云在,疑是白波涨东海。"泰山之巅出现的绝美云海,给游人带来了一场视觉盛宴。游人立于山顶,眺望远观,看着云海缭绕的群山和汹涌翻滚的云海,全身的疲惫也随之消散,如同身处仙境。

E01-05　　西岳峥嵘何壮哉！黄河如丝天际来。

出处 唐代·李白《西岳云台歌送丹丘子》。

释义 华山峥嵘而崔嵬,是何等的壮伟高峻呀！远望,黄河像细丝一样,弯曲迂回地从天边蜿蜒而来。

赏析 "西岳峥嵘何壮哉"的突发唱叹,写华山的雄伟,起势宏远突兀,接着便展现登山远眺所见到的黄河之雄姿。诗人对黄河的勾勒,用的是飘忽的轻笔"黄河如丝天际来"。诗人描述的重点是华山,用这样的轻笔勾勒,较之于重笔渲染黄河的壮阔,更可以反衬华山的高峻入云。

范例 "西岳峥嵘何壮哉！黄河如丝天际来。"面对险峻突兀的西岳华山,连诗仙李白也不禁要感叹它的壮阔磅礴、奇秀俊美。

E01-06　　横看成岭侧成峰,远近高低各不同。

出处 宋代·苏轼《题西林壁》。

释义 从正面、侧面看庐山山岭连绵起伏、山峰耸立,从远处、近处、高处、低处看都呈现不同的样子。之所以辨不清庐山真正的面目,是因为我身处在庐山之中。

[赏析] 这是一首诗中有画的写景诗,又是一首哲理诗,哲理蕴含在对庐山景色的描绘之中。前两句概括而形象地写出了移步换形、千姿万态的庐山风景。后两句诗有着丰富的内涵,它启迪人们认识为人处事的一个哲理——由于人们所处的地位不同,看问题的出发点不同,对客观事物的认识难免有一定的片面性;要认识事物的真相与全貌,必须超越狭小的范围,摆脱主观成见。

[范例] 苏东坡有一句赞美庐山很著名的诗——"横看成岭侧成峰,远近高低各不同",庐山有着连绵起伏的山岭,有着高耸入云的山峰。

峰奇石奇松更奇,云飞水飞山亦飞。

E01-07

[出处] 清代·魏源《黄山绝顶题文殊院》。

[释义] 山峰奇特,石子奇形怪状,松树更是奇异。云在空中飘浮游动,水也在流动,似乎感觉到山也在移动着。

[赏析] 这两句诗赞美的是黄山的景色。由"峰奇石奇松更奇"一句可知,"峰"即"山峰","石"即"石头","松"即"松树",诗人认为这三种景物都具有"奇"的特点。

[范例] 明代地理学家、旅行家徐霞客曾有"五岳归来不看山,黄山归来不看岳"的美誉。清代的学者魏源,则以"峰奇石奇松更奇,云飞水飞山亦飞"的诗句,赞叹黄山之美。

E02 原野

E02-01

天苍苍，野茫茫，风吹草低见牛羊。

- 出处　北朝乐府民歌《敕勒歌》。
- 释义　天空是青苍蔚蓝的颜色，草原无边无际，一片茫茫。风儿吹过，牧草低伏，显露出原来隐没于草丛中的众多牛羊。
- 赏析　"天苍苍，野茫茫，风吹草低见牛羊"是一幅壮阔无比、生机勃勃的草原全景图，形象生动地写出了这里水草丰盛、牛羊肥壮的景象。
- 范例　"天苍苍，野茫茫，风吹草低见牛羊。"夏日的呼伦贝尔草原，河流静谧流淌，牛羊散落其中，美不胜收。

E02-02

地卑荒野大，天远暮江迟。

- 出处　唐代·杜甫《遣兴》。
- 释义　地势低平，没有山峦，而感到视野广阔；天空旷远，傍晚时的江水缓缓流动。
- 赏析　这两句诗写景寓情，望远而思念家人，迟暮而觉惆怅，状心境之寂寥。
- 范例　当夜色降临，我看着远处的美景，心中不由想念起自己的家人。此情此景可以用杜甫的两句诗来形容——"地卑荒野大，天远暮江迟"。

山随平野尽，江入大荒流。

E02-03

[出处] 唐代·李白《渡荆门送别》。

[释义] 山随着平坦广阔的原野的出现逐渐消失，江水在一望无际的原野中奔流。

[赏析] 短短十个字，作者描绘了四种景象：起伏的山岭、平坦的原野、奔流的长江、辽远的荒原。每一种景象都是那样的阔大，让人穷尽目光，思接千里。

[范例] "山随平野尽，江入大荒流"，是诗仙李白笔下的宜都。这座千年历史古城，山水相映，钟灵毓秀。

野旷天低树，江清月近人。

E02-04

[出处] 唐代·孟浩然《宿建德江》。

[释义] 原野无边无际，远处的天空比近处的树林还要低；江水清清，明月仿似更与人相亲。

[赏析] "野旷天低树"，写日暮时刻，苍苍茫茫，旷野无垠，放眼望去，远处的天空显得比近处的树木还要低，"低"和"旷"是相互依存、相互映衬的。"江清月近人"，这画面展示的是清澈平静的江水，以及水中的明月伴着船上的诗人；可那画面背后却是诗人的愁心已经随着江水流入思潮翻腾的海洋。

[范例] "野旷天低树，江清月近人。"孟浩然《宿建德江》中的名句传诵了千年，让人对杭州建德产生了无限遐想。

E03 沙漠

E03-01

> 大漠孤烟直，长河落日圆。

- 出处　唐代·王维《使至塞上》。
- 释义　浩瀚沙漠中孤烟直上云霄，黄河边上落日浑圆。
- 赏析　这两句写的是诗人进入边塞后所看到的塞外奇特壮丽的风光，画面开阔，意境雄浑，近人王国维称之为"千古壮观"的名句。诗人把自己的孤寂情绪巧妙地溶化在广阔的自然景象的描绘中。
- 范例　"大漠孤烟直，长河落日圆。"每当想起王维的千古名句，脑海中总是能浮现出一幅鬼斧神工的奇美画卷，壮阔的景色让人沉醉其中。

E03-02

> 大漠沙如雪，燕山月似钩。

- 出处　唐代·李贺《马诗二十三首（其五）》。
- 释义　平沙万里，在月光下像铺上一层白皑皑的霜雪。连绵的燕山山岭上，一弯明月当空，如弯钩一般。
- 赏析　这两句诗以雪比喻沙，以钩比喻月，展现出一片富有特色的边疆战场景色。平沙如雪的疆场寒气凛凛，但它是英雄用武之地。
- 范例　黄沙漫漫，沙岗毗连，波如涟漪，随风荡漾，让人不禁为大自然的神奇造化而震撼，更会让人想起唐朝诗人李贺的诗句——"大漠沙如雪，燕山月似钩"。

野云万里无城郭，雨雪纷纷连大漠。
E03-03

- 出处　唐代·李颀《古从军行》。
- 释义　旷野云雾茫茫万里不见城郭，雨雪纷纷笼罩着无边的沙漠。
- 赏析　军营所在，四顾荒野，无城郭可依，"万里"极言其辽阔；雨雪纷纷，以至与大漠相连，其凄冷酷寒的情状亦可想见。
- 范例　"野云万里无城郭，雨雪纷纷连大漠。"大漠一直都是孤独与寂寥的代表，黄沙遍地，似乎只有风来作陪。

草上孤城白，沙翻大漠黄。
E03-04

- 出处　唐代·齐己《边上》。
- 释义　孤零零的边关城楼立在莽莽草原之上，风烟使其呈现出青白的色调。风吹沙动，翻翻滚滚，一望无际的大沙漠，一片黄色。
- 赏析　这两句诗写的是塞外边关的景色，萧条中不乏壮美，令人神往。
- 范例　"草上孤城白，沙翻大漠黄。"一进入沙漠，单调的黄色一望无际，一座座沙山此起彼伏，太阳放肆地炙烤着沙面，身居其中，那种感受太独特了。

E04 建筑

E04-01

> 危楼高百尺，手可摘星辰。

出处 唐代·李白《夜宿山寺》。

释义 山上寺院好似有百丈之高，站在上边仿佛都能摘下星辰。

赏析 这两句是写山寺之高。第一句正面描绘寺楼的峻峭挺拔、高耸入云。一个"危"字，倍显突兀醒目，与"高"字在同句中的巧妙组合，确切、生动、形象地将山寺屹立山巅、雄视寰宇的非凡气势淋漓尽致地描摹了出来。次句以极其夸张的技法来烘托山寺之高耸云霄，以星夜的美丽引起人们对高耸入云的"危楼"的向往。

范例 "危楼高百尺，手可摘星辰。不敢高声语，恐惊天上人。"李白的这首《夜宿山寺》，道出了自古人们对太空探索的渴望。

E04-02

> 南朝四百八十寺，多少楼台烟雨中。

出处 唐代·杜牧《江南春》。

释义 南朝遗留下的许多座古寺，如今有多少笼罩在这朦胧烟雨之中。

赏析 "四百八十寺"是形容佛寺很多。因为那时，南朝佛教非常盛行，寺庙也建得很多。"烟雨"即如烟般的蒙蒙细雨。"多少楼台烟雨中"，诗人以审美的眼光，欣赏着江南春的自然美景；以深邃的思维，穿过时空，感悟历史文化的审美意义。

E 地理名胜

范例 "南朝四百八十寺，多少楼台烟雨中。"流传千古，广为传颂，描绘的江南春景图让无数人对于江南产生无限向往。

凤凰台上凤凰游，凤去台空江自流。 E04-03

出处 唐代·李白《登金陵凤凰台》。

释义 凤凰台上曾经有凤凰来悠游，凤去台空只有江水依旧奔流。

赏析 这两句写凤凰台的传说，十四字中连用了三个凤字，却不嫌重复，音节流转明快，极其优美。凤凰台故址在今南京市凤凰山。相传，南朝刘宋元嘉年间有凤凰集于此山，乃筑台，山和台也由此得名。凤凰是一种祥瑞。当年凤凰来游象征着王朝的兴盛；如今凤去台空，六朝的繁华也一去不复返了，只有长江的水仍然不停地流着。

范例 "常记溪亭日暮，沉醉不知归路""凤凰台上凤凰游，凤去台空江自流""五步一楼，十步一阁"……古诗文中常常出现亭台楼阁，它们是我国古典建筑艺术中的瑰宝。

最爱湖东行不足，绿杨阴里白沙堤。 E04-04

出处 唐代·白居易《钱塘湖春行》。

释义 最爱的湖东美景百游不厌，杨柳成排绿荫中穿过一条白沙堤。

赏析 白堤中贯钱塘湖，在湖东一带，可以总揽全湖之胜。只见绿杨荫里，平坦而修长的白沙堤静卧碧波之中，堤上骑马游春的人来往如织，尽情享受春日美景。诗人置身其间，饱览湖光山色之美，心旷而神怡。以"行不足"说明自然景物美不胜收，诗人也余兴未阑。

[范例] "最爱湖东行不足，绿杨阴里白沙堤。"西湖白、苏两堤妙在左右逢源，徜徉间即可饱览西湖绝色山水。

E04-05 曲径通幽处，禅房花木深。

[出处] 唐代·常建《题破山寺后禅院》。

[释义] 弯弯曲曲的小路通向幽深处，禅房掩映在繁茂的花木丛中。

[赏析] 这两句写出通向后禅院弯曲幽深的小路和后禅院景色的幽静迷人。诗句之美，不仅体现在写景的准确传神上，而且表现在其思想内涵的深邃上。"曲径通幽"之美学在中国古典园林的设计中有广泛运用。

[范例] 常熟虞山破山寺是一处很出名的山寺亭园，自从唐代诗人常建咏园景名句"曲径通幽处，禅房花木深"不胫而走、广为流传之后，此寺园更是声名日上。

E05 江河

一道残阳铺水中,半江瑟瑟半江红。 E05-01

[出处] 唐代·白居易《暮江吟》。

[释义] 残阳倒映在江面上,霞光洒下,波光粼粼;江水一半呈现出深深的碧色,一半呈现出红色。

[赏析] 这两句写夕阳落照中的江水。"一道残阳铺水中","铺"字很形象,表明"残阳"已经接近地平线,几乎是贴着地面照射过来;"铺"字也显得委婉、平缓,写出了秋天夕阳独特的柔和,给人亲切、安闲的感觉。"半江瑟瑟半江红",受光多的部分,呈现一片"红"色;受光少的地方,呈现出深深的碧色。诗人抓住江面上呈现出的两种颜色,表现出残阳照射下,暮江细波粼粼、光色瞬息变化的景象。诗人沉醉了,把他自己的喜悦之情寄寓在景物描写之中。

[范例] 夕阳西下,我们沐浴着夕阳的余晖,身披彩霞,漫步江边,欣赏着"一道残阳铺水中,半江瑟瑟半江红"的绝妙美景。

君不见黄河之水天上来,奔流到海不复回。 E05-02

[出处] 唐代·李白《将进酒》。

[释义] 你难道没有看见吗?那黄河之水犹如从天上倾泻而来,波涛翻滚直奔大海从来不会再往回流。

| 赏析 | 黄河源远流长，落差极大，如从天而降，一泻千里，东走大海。如此波澜壮阔的现象，必定不是肉眼能够看到的，作者是幻想的，言语带有夸张。上句写大河之来，势不可挡；下句写大河之去，势不可回。一涨一消，构成舒卷往复的咏叹味。

| 范例 | 从古到今，人们看到黄河都有不同的见解，李白看到黄河感叹道"君不见黄河之水天上来，奔流到海不复回"，王之涣看到黄河留下了"白日依山尽，黄河入海流"的千古绝句。

E05-03　登高壮观天地间，大江茫茫去不还。

| 出处 | 唐代·李白《庐山谣寄卢侍御虚舟》。

| 释义 | 登高远望天地间壮观景象，大江悠悠东流去永不回还。

| 赏析 | 大自然之美激发了大诗人的无限诗情，诗人豪情满怀，登高远眺，以如椽大笔，将长江景色写得境界高远，气象万千。

| 范例 | 怒江大峡谷绮丽幽深，威震世界的怒江从两山之间汹涌南下。登上八角楼俯瞰怒江大峡谷，有"登高壮观天地间，大江茫茫去不还"之感。

E05-04　九曲黄河万里沙，浪淘风簸自天涯。

| 出处 | 唐代·刘禹锡《浪淘沙（其一）》。

| 释义 | 万里黄河弯弯曲曲挟带着泥沙，波涛滚滚如飓风掀簸来自天涯。

[赏析] 诗人歌咏九曲黄河中的万里黄沙，赞扬它们冲风破浪，一往无前的顽强性格。我们引用时可取其象征意义，歌颂与它们有着共同特点的事物或人们。

[范例] 这些年，黄河生态治理初见成效，展现在人们眼前的黄河之水不再是"九曲黄河万里沙，浪淘风簸自天涯"。

八月涛声吼地来，头高数丈触山回。

E05-05

[出处] 唐代·刘禹锡《浪淘沙（其七）》。

[释义] 八月的涛声如万马奔腾惊天吼地而来，数丈高的浪头冲向岸边的山石又被撞回。

[赏析] "八月涛声吼地来"，写潮来之势，由远而近，以一个动词"吼"字，突出涛声逼近的感觉。第二句写潮势达到顶点时的壮观场面。悍湍的潮头，昂扬着数丈高的身躯，撞击着两岸的山崖。这两句，以"吼地来"和"触山回"相对照，描写出潮涨潮退的全过程，语气上的急转，更衬托出潮势的奔腾急遽。

[范例] "八月涛声吼地来，头高数丈触山回。"从古到今，无数文人墨客留下了对钱江潮的描述与赞美。

江流天地外，山色有无中。

E05-06

[出处] 唐代·王维《汉江临眺》。

[释义] 江水滔滔远去，好像一直涌流到天地之外，两岸山色时隐时现，若有若无。

赏析 这两句诗以山光水色作为画幅的远景。汉江滔滔远去，好像一直涌流到天地之外去了，两岸重重青山，时隐时现。前句写出江水的流长邈远，后句又以苍茫山色烘托出江势的浩瀚空阔。诗人着墨极淡，却给人以伟丽新奇之感，其效果远胜于重彩浓抹的油画和色调浓丽的水彩。

范例 白塔湖三面环山，山水相依，茂林镜湖，镶嵌在崇州中部，犹如崇州最温柔的眼眸，格外养眼，有"江流天地外，山色有无中"的韵味。（摘自杨虎《湖光山色 润泽春秋》）

E05-07

潮平两岸阔，风正一帆悬。

出处 唐代·王湾《次北固山下》。

释义 潮水涨满，两岸与江水齐平，整个江面十分开阔，帆顺着风端直高挂。

赏析 "潮平两岸阔"中"阔"，是表现"潮平"的结果。春潮涌涨，江水浩渺，放眼望去，江面似乎与岸平了，船上人的视野也因之开阔。这一句，写得恢宏阔大，下一句"风正一帆悬"，便愈见精彩。"悬"是端端直直地高挂着的样子。诗句妙在通过"风正一帆悬"这一小景，把平野开阔、大江直流、风平浪静等的大景也表现出来了。

范例 "潮平两岸阔，风正一帆悬。"繁华九月，宝坻潮白河畔一派热烈、喜庆景象。

乱石穿空，惊涛拍岸，卷起千堆雪。

E05-08

出处 宋代·苏轼《念奴娇·赤壁怀古》。

释义 岸边乱石林立，像要刺破天空，惊人的巨浪拍击着江岸，激起的浪花好似千万堆白雪。

赏析 这几句写江水腾涌的壮观景象。其中"穿""拍""卷"等动词用得形象生动。

范例 我遥望长江对岸，仿佛听到苏东坡在吟诵："乱石穿空，惊涛拍岸，卷起千堆雪。"

落木千山天远大，澄江一道月分明。

E05-09

出处 宋代·黄庭坚《登快阁》。

释义 远望秋山无数，落叶飘零，天地更加辽远阔大。朗朗明月下澄江淙淙流过，月光下显得更加空明澄澈。

赏析 这两句诗描绘的是诗人初登快阁亭时所览胜景，也是诗人胸襟怀抱的写照，意境天开，别具一格，是千古绝唱。

范例 "桃李春风一杯酒，江湖夜雨十年灯""落木千山天远大，澄江一道月分明"……这些诗句是何等的精彩，江心悬月的澄澈，萧然物外的孤怀，令人叹惋和神往。

E06 湖海

E06-01

枫岸纷纷落叶多，洞庭秋水晚来波。

- 出处 唐代·贾至《初至巴陵与李十二白裴九同泛洞庭湖三首（其二）》。
- 释义 湖岸的枫树纷纷飘落进水中，晚风吹起，湖面荡起缕缕波纹。
- 赏析 这两句以悠扬的音韵，明丽的色彩，描绘了一幅洞庭晚秋的清幽景象；秋风萧飒，红叶纷飞，波浪滚滚，一望无涯，景色幽深迷人。
- 范例 "淮南一叶下，自觉洞庭波"，"袅袅秋风起，萧萧败叶声"，"枫岸纷纷落叶多，洞庭秋水晚来波"，这些诗句给湖南的"母亲湖"洞庭湖增添了一层唯美的诗意。

E06-02

湖光秋月两相和，潭面无风镜未磨。

- 出处 唐代·刘禹锡《望洞庭》。
- 释义 洞庭湖上月光和水色交相融合，湖面风平浪静，犹如未磨的铜镜。
- 赏析 首句描写澄澈空明的湖水与素月青光交相辉映，俨如琼田玉鉴，是一派空灵、缥缈、宁静、和谐的境界。接下来一句描绘湖上无风，迷迷濛濛的湖面宛如未经磨拭的铜镜。"镜未磨"三字十分形象贴切地表现了千里洞庭风平浪静的景象，在月光下别具一种朦胧美。

[范例] 九月是一个金秋的季节,这个"秋"是大自然的杰作,《望洞庭》中就有"湖光秋月两相和,潭面无风镜未磨"的唯美诗句。

气蒸云梦泽,波撼岳阳城。

E06-03

[出处] 唐代·孟浩然《望洞庭湖赠张丞相》。

[释义] 云梦大泽水气蒸腾白白茫茫,波涛汹涌似乎把岳阳城撼动。

[赏析] "气蒸云梦泽"一句写出湖的丰厚的蓄积,仿佛广大的沼泽地带,都受到湖的滋养哺育,才显得那样草木繁茂、郁郁苍苍。而"波撼"两字放在"岳阳城"上,衬托湖的澎湃动荡,也极为有力。

[范例] "气蒸云梦泽,波撼岳阳城。"孟浩然的这两句诗,描绘了波澜壮阔的洞庭湖景。

松排山面千重翠,月点波心一颗珠。

E06-04

[出处] 唐代·白居易《春题湖上》。

[释义] 松树在山上排开层层一片翠色,一轮圆月映入水中,好像一颗明珠,晶莹透亮,跳荡悬浮。

[赏析] 用翡翠比喻松树的绿色,用明珠比喻夜半时分高而远的明月,妥帖入微,真切动人,表达了诗人对湖上春光的珍惜与爱悦的感情。

[范例] "松排山面千重翠,月点波心一颗珠。"阳光明媚之日,伫立湖边,蓝天白云映在水里,两岸的垂柳把婀娜婆娑

的身影映在水里，看水的人把自己的心情也映在水里。

E06-05 水心如镜面，千里无纤毫。

出处 唐代·白居易《初领郡政衙退登东楼作》。

释义 水中央平静如镜，纤毫之波纹都没有。

赏析 晚秋时节天高气爽，诗人登楼远眺，看到水中央平静如镜，没有一点波纹。江南水上景象如诗如画，令人陶醉。

范例 "水心如镜面，千里无纤毫。"当我们面对一片平静如镜的湖面的时候，从那水中照出了大千世界，湖光倒影，美若仙境。

E06-06 春江潮水连海平，海上明月共潮生。

出处 唐代·张若虚《春江花月夜》。

释义 春天的江潮水势浩荡与大海连成了一片，一轮明月从海上升起好像与潮水一起涌出来。

赏析 诗人用这两句勾勒出一幅春江月夜的壮丽画面：江潮连海，月共潮生。这里的"海"是虚指。江潮浩瀚无垠，仿佛和大海连在一起，气势宏伟。这时一轮明月随潮涌生，景象壮观。一个"生"字，就赋予了明月与潮水以鲜活的生命。

范例 "春江潮水连海平，海上明月共潮生。"钱塘江以其奇特卓绝的江潮倾倒了无数的文人墨客，也倾倒了无数慕名前来的游人。

E07 清泉

天平山上白云泉，云自无心水自闲。　　E07-01

[出处] 唐代·白居易《白云泉》。

[释义] 天平山腰泠泠流淌着白云泉，天上白云自在舒卷，泉水自流悠闲。

[赏析] 诗人无意描绘天平山的巍峨高耸和吴中第一水的清澄透彻，而着重表现白云坦荡淡泊的胸怀和泉水闲静雅致的神态。句中连用两个"自"字，特别强调云水的自由自在，自得其乐，逍遥而惬意。这里移情注景，景中寓情。

[范例] 白云泉位于天平山的半山腰，白云泉就像缤纷中悄然落入的宝石，清冽而晶莹。白居易曾这样描述白云泉："天平山上白云泉，云自无心水自闲。"

谷静秋泉响，岩深青霭残。　　E07-02

[出处] 唐代·王维《东谿玩月》。

[释义] 清秋时节，山谷幽静，泉水的响声显得格外清亮。山岩高深，岩壁断断续续地抹着几缕淡青色的云气。

[赏析] 诗句描写秋天深谷的景物，状物清新，透露出作者对清明幽静的大自然的赞美和向往。前句以动景为中心，"谷静"陪衬"泉响"。后句深岩青霭之色相配，和谐统一。"残"字状青霭之形，而霭残则更显得岩深。由此可见诗人巧妙构图的功力。诗句描写有声有色，形色俱佳。

| 范例 | 踏青路上遇到诸如"谷静秋泉响，岩深青霭残"一般的美景时，拍照和视频记录自然不能缺少。

E07-03　　　　**山泉散漫绕阶流，万树桃花映小楼。**

| 出处 | 唐代·元稹《离思五首（其二）》。

| 释义 | 山泉绕着街道缓缓流去，万树桃花掩映着小楼。

| 赏析 | 这两句诗给人以超凡绝尘之感。碧山清泉漫流，万树桃花掩映。置景由远及近，敷色自浅入深，焦点渐次凸现，为人物登场设置了悬念及具体环境氛围。诗是有声的画，画是无声的诗。

| 范例 | "山泉散漫绕阶流，万树桃花映小楼。"冬天随着冰雪的消融渐渐远去，春天在杨柳的新绿中悄然而至。

E07-04　　　　**流泉自成响，林壑坐生凉。**

| 出处 | 清代·王士禛《碧云寺》。

| 释义 | 雨后泉水淙淙，平添了激响；热气尽消，人在久坐之后会感到深壑中寒气阵阵袭来。

| 赏析 | 碧云寺有卓锡泉，泉水从院后石罅中泻出，流经寺院，美妙如琴。"自"字点化了一种野趣，仿佛山间的一切皆悠然自得，不受任何拘束。"凉"这个字用得意味深长，蕴含了丰富的感受。

| 范例 | 雨后游山，泉水淙淙，清凉无比，让我想起了王士禛的诗句"流泉自成响，林壑坐生凉"。

E08 瀑布

> 飞流直下三千尺，疑是银河落九天。　　E08-01

- **出处** 唐代·李白《望庐山瀑布》。
- **释义** 高崖上飞腾直落的瀑布好像有几千尺，让人怀疑是银河从天上泻落到人间。
- **赏析** "飞流直下三千尺"中的"飞"字，把瀑布喷涌而出的景象描绘得极为生动；"直下"，既写出山之高峻陡峭，又可以见出水流之急，那高空直落，势不可挡之状如在眼前。"疑是银河落九天"，真是想落天外，惊人魂魄。
- **范例** 金竹瀑布啊，你的壮观和美丽我无法形容，也许此时只有李白的那句诗"飞流直下三千尺，疑是银河落九天"才配得上你令人震撼的美。

> 虚空落泉千仞直，雷奔入江不暂息。　　E08-02

- **出处** 唐代·徐凝《庐山瀑布》。
- **释义** 千仞山壁，飞泉直落；声大如雷，奔流不息。
- **赏析** 首句言其势，飞流自千仞直落；次句言其声，好似惊雷奔腾入江。
- **范例** 火石坪飞瀑跌水高度达50米，水量充沛，水势恢宏，真可谓：虚空落泉千仞直，雷奔入江不暂息。

E08-03　　　香炉初上日，瀑水喷成虹。

出处　唐代·孟浩然《彭蠡湖中望庐山》。

释义　香炉峰升起一轮红日，飞瀑映照幻化成彩虹。

赏析　"香炉初上日"，天色渐晓，红日东升，崔巍的香炉峰，抹上一层日光，很是壮观。而"瀑水喷成虹"的景象更使人赞叹不已。以虹为喻，不仅表现庐山瀑布之高，而且显示其色。飞流直下，旭日映照，烟水氤氲，色如雨后之虹，高悬天空，显得绚丽多彩。

范例　瀑布是大自然的壮丽奇观，远观瀑布常常为之震撼。因而古代诗人也颇多描写瀑布的诗词名句，比如唐宣宗李忱的"溪涧岂能留得住，终须大海作波涛"、孟浩然的"香炉初上日，瀑水喷成虹"、张九龄的"万丈红泉落，迢迢半紫氛"等等。

E08-04　　　万里水汇一水大，訇訇声闻十里外。

出处　清代·严遂成《白水岩瀑布》。

释义　绵延不绝的大河汇聚到一处倾斜而下，声音洪大，响彻十里。

赏析　这两句诗意境宏大，极尽夸张，描写了瀑布的奔腾气势。

范例　汹涌的河水由高空迅速坠落，重重地砸在下方的水面上，声音洪大，似雄狮咆哮，又似战鼓齐鸣，用"万里水汇一水大，訇訇声闻十里外"来形容也不足为过。

洞察人世百态

F—J

人生自古谁无死？留取丹心照汗青。

——宋代·文天祥

F 健身修身

F01 运动

身怕不动，脑怕不用。　　　　　　　　　　　　　　F01-01

出处　《增广贤文》。

释义　身子怕的是不动，越不动越僵硬；脑子怕的是不用，越不用越迟钝。

赏析　这句俗语强调了运动的重要性，无论是对于身体还是大脑，多动多用，都是有好处的。脑子越运用越灵活，身子越活动越健康。

范例　如何养护大脑，强健身体呢？其实很简单，牢记古人的一句经典总结：身怕不动，脑怕不用。

艰苦筋骨强，娇养精力弱。　　　　　　　　　　　　F01-02

出处　清代·曾国藩《家书·致澄弟》。

释义　艰难困苦，能使人筋骨强壮；娇生惯养，会使人精力衰弱。

赏析　曾国藩一生奉行程朱理学，终生注重家庭教育，并且也卓有成效。他在家书中提到的这两句话就是在教家中弟子要重视锻炼，劳逸适度，这样才会有强健的身体。

范例　"艰苦筋骨强，娇养精力弱。"作为有志气的青年人，我们应该有意识地到艰苦的环境中去进行生存锻炼，培养坚强意志，铸造健康人格。

F02 健康

F02-01

良医者，常治无病之病，故无病。圣人者，常治无患之患，故无患。

出处 《淮南子》。

释义 好医生总是在疾病没有发生之前，就教给人预防知识，所以人不得病；圣明的人总是在祸乱没有发生之前，就想办法清除有可能引发祸患的根由，所以国家就没有灾祸。

赏析 这两句都是在教导人们凡事要预防为主，防患于未然。

范例 "良医者，常治无病之病，故无病；圣人者，常治无患之患，故无患也。"要想身体无病、事业长青，就应具有良医的思维，做到防微杜渐，消隐患于端倪。

F02-02

盈缩之期，不但在天；养怡之福，可得永年。

出处 三国·曹操《龟虽寿》。

释义 人寿命长短，不只是由上天决定。调养好身心，就定可以益寿延年。

赏析 曹操所说的"养怡之福"，不是指无所事事，坐而静养，而是说一个人精神状态是最重要的，不应因年暮而消沉。

范例 学习者是快乐的。老有所学，自得其乐，这也许就是老人长寿、康健的秘诀之一。正如曹操所言："盈缩之期，不但在天。养怡之福，可得永年。"

F03 道德

富润屋，德润身。　　　　　　　　　　　F03-01

出处　《礼记·大学》。

释义　富贵可以润泽屋舍，使之华丽生辉；道德可以润泽自身，使之德高望重。润：润泽。

赏析　这句话将品德和财富对比，财富也只能让屋舍变得华贵，但是品德却可以让一个人自身变得高贵起来，所以品德比富贵更具有不可估量的价值。

范例　"富润屋，德润身。"道德才是立身之本。

恃德者昌，恃力者亡。　　　　　　　　　F03-02

出处　西汉·司马迁《史记》。

释义　依靠美德的一定会兴旺昌盛，凭借暴力的必将走向灭亡。恃：倚仗。昌：兴旺。

赏析　依靠暴力使人屈服，别人迫于形势，不得不服，但内心不服，总有一天时机成熟，人家会起来反抗。只有以德服人，别人才能心悦诚服，国家上下齐心，就会昌盛兴旺。

范例　几千年前史学家司马迁就曾说过："恃德者昌，恃力者亡。"古往今来，暴力都是黑暗世界的底色，引发的后果往往是毁灭性的。

F03-03

人心所归，惟道与义。

出处 《晋书·熊远传》。

释义 人们内心所归向的，只有道德和仁义。

赏析 "人心所归，惟道与义"是东晋大臣熊远给晋元帝司马睿的谏言。他以春秋第一霸主齐桓公为例，早年齐桓公英明无比，心忧天下，各国共推其为盟主；而自葵丘会盟确立霸主地位后，齐桓公逐渐骄傲自满起来，原先归附的国家纷纷背叛。在熊远看来，人心所向、众望所归是立国之本，而要聚合民意、汇聚民心只有靠道德和仁义的力量，舍此之外别无他途。

范例 "人心所归，惟道与义。"在疫情防控的当下，科学与理性、公开与透明就是"大道"；担当与作为、配合与支持就是"大义"。众志成城，没有迈不过的坎；万众一心，没有翻不过的山。

F03-04

道德常常能填补智慧的缺陷，而智慧却永远填补不了道德的缺陷。

作者 [意大利]但丁。

赏析 没有过硬的道德品质作为基础和底蕴，即便有再大的才能也将难以发挥，因为"人无德不立"。

范例 但丁有一句话说得好，道德常常能填补智慧的缺陷，而智慧却永远填补不了道德的缺陷。期望论文造假的事件不再发生。

F 健身修身

F04 立志

志者，学之师也；才者，学之徒也。　　F04-01

出处　东汉·徐干《中论·治学》。

释义　志向，是学习的老师；才能，是学习的徒弟。

赏析　读书求学要超越一己私利，明大道、求利民，既要有高尚的情怀，还要有高远的志向。只有立志于学，坚持不懈，才能学有所成。

范例　"志者，学之师也；才者，学之徒也。学者不患才之不赡，而患志之不立。"有志者事竟成，成功是属于有准备的人，希望我们每个人都为自己确立好前进的目标，立下求学的志向。

丈夫志四海，万里犹比邻。　　F04-02

出处　三国·曹植《赠白马王彪·并序》。

释义　大丈夫理应志在四海，纵使相隔万里也犹如比邻。

赏析　这一豪言壮语通常用以鼓励人志在四方，建功立业。值得一提的是，唐代诗人王勃的"海内存知己，天涯若比邻"的名句是受了曹植的启发。

范例　"丈夫志四海，万里犹比邻。"青年当有鸿鹄之志，用理想信念续青春脉搏。

F04-03　书应读通彻，志当存高远。

出处　三国·诸葛亮《诫外甥书》。

释义　读书应该读懂，立志应该远大。

赏析　这两句用以鼓励人把书读通、读透，树立远大志向。

范例　"书应读通彻，志当存高远。"广大青年要勇敢肩负起时代赋予的重任，志存高远，脚踏实地，努力学习，放飞青春梦想。

F04-04　人各有志，所规不同。

出处　西晋·陈寿《三国志·邴原传》。

释义　人各有各的志向，每个人所遵循的准则有所不同。

赏析　这两句说明每个人都有自己的志向，不能强求一律。

范例　"人各有志，所规不同。"每个人喜欢的东西、适合的东西都是不同的，不可强勉。

F04-05　丈夫立志，穷当益坚，老当益壮。

出处　南朝宋·范晔《后汉书·列传·马援传》。

释义　大丈夫的志气，不得志的时候应当更加坚定，年老的时候应当越发豪壮。

赏析　唐代王勃曾言："老当益壮，宁移白首之心？穷且益坚，不坠青云之志。""穷且益坚"就是源自此处，说的是东汉名将马援。

范例 古人云："丈夫立志，穷当益坚，老当益壮。"一个真正志存高远的人，即便穷困潦倒，或者青春不再，也决不向生活缴械投降。

志不求易，事不避难。 F04-06

出处 南朝宋·范晔《后汉书·列传·虞傅盖臧列传》。

释义 立志不贪求容易实现的目标，做事不回避危险。

赏析 立志当高远，并应知难而进，这既是古人留给我们的生存智慧和宝贵经验，也是古往今来成大事者必备品格和精神追求。

范例 "志不求易，事不避难。"这是作为领导者应有的精神状态，也是衡量领导干部的重要标尺。

弃燕雀之小志，慕鸿鹄以高翔。 F04-07

出处 南朝梁·丘迟《与陈伯之书》。

释义 您摈弃（庸人的）燕雀小志，仰慕（贤能的）鸿鹄高飞的远大抱负。

赏析 陈伯之曾经离开齐朝，归附梁朝。丘迟说这两句话是肯定陈伯之以前弃齐归梁是有见识的。句中"燕雀""鸿鹄"之说，显然是化用《史记·陈涉世家》中陈涉语"燕雀安知鸿鹄之志"。后这两句或指弃暗投明，或指放弃小的志愿，投身大的活动。

范例 "弃燕雀之小志，慕鸿鹄而高翔。"树立崇高的理想是开启灿烂人生的首要问题。

F04-08 少年负壮气，奋烈自有时。

出处 唐代·李白《少年行二首》。

释义 少年身负壮志，将来自有奋发激烈之时。

赏析 诗人将豪情壮志融入自己的精神世界，凝结成一种激扬奋发的豪情与坚定的人生信念。所以才能写出"少年负壮气，奋烈自有时"这样慷慨激昂的文字，刻画了豪爽倜傥的少年形象，恰到好处地表现了少年的心理特征。

范例 "少年负壮气，奋烈自有时。"我们青少年恰是风华正茂，要做栋梁之材，要担时代大任！

F04-09 心随朗月高，志与秋霜洁。

出处 唐代·李世民《经破薛举战地》。

释义 心胸像日月那样高远开阔，志气像秋霜那样高洁。

赏析 用明朗的月亮和皎洁的秋霜来比喻人的品格，显得自然贴切。可用来赞美那种心地纯洁、志趣高尚、目标远大的人，也可用以表达自己的情操和怀抱。

范例 "心随朗月高，志与秋霜洁。"校园里回荡的琅琅书声、跳动的活跃身影、忙碌的阳光少年，无不彰显莘莘学子良好的精神风貌。

必有天下之大志，而后立天下之大事。　F04-10

出处　宋代·陈亮《龙川文集·汉论》。

释义　必须有胸怀天下的大志，才能成就天下的大事。

赏析　这句话指出立大志是做大事的前提条件。一个没有伟大志向的人，做人对自己的要求标准很低，做事往往随波逐流、得过且过，这样是不会有什么成就的。凡是人生有成之人，都是先立志，后成事。

范例　"必有天下之大志，而后能立天下之大事。"人生要成就事业、要有创造，就不容须臾的懒惰。不抱有志向，不坚定其志向，是谈不上创造人生的。

男儿无英标，焉用读书博。　F04-11

出处　宋代·刘过《怀古四首为知己魏倅元长赋兼呈王永叔宗承载》。

释义　男子汉如果没有远大的志向，哪还用得着读许许多多的书呢？英标：远大的目标或志向。焉：疑问代词，哪里。

赏析　这两句诗是说崇高的志向是博学多才的必要前提。一个人，如果没有为国为家贡献力量的远大抱负，读再多书也没有用，也不会成为国家和社会需要的人才。

范例　"男儿无英标，焉用读书博。"作为学生不能死读书，读死书，而应该将读书与立志结合起来，这样才能学好本领，造福社会。

F04-12

君子志于泽天下，小人志于荣其身。

[出处] 宋代·刘炎《迩言》。

[释义] 君子的志向是让天下人得到恩惠，小人的志向是使自身得到荣耀。

[赏析] 君子和小人的区别之一就是两者的志向不同，前者心怀天下，后者只为自己的荣华富贵而忙碌奔波。这条金句跟"君子怀德，小人怀土""君子喻于义，小人喻于利"有相通的地方。

[范例] "君子志于泽天下，小人志于荣其身。"一个人在奉献中会找到此生无上的使命感、价值感和意义。

F04-13

学者须先立志。

[出处] 宋代·陆九渊《语录》。

[释义] 为学必须首先立定志向。

[赏析] 无论做什么学问都要先立下远大志向，设定学习的目标，做好为学习而吃苦耐劳的准备。立志就是立本，有本就有发展的路径可以走，否则如同无头苍蝇一样，乱闯一气，最终也难成气候。

[范例] "学者须先立志"，这是治学之本。不这样做就是舍本逐末，那将难成大器。

> 有志诚可嘉，及时宜自强。

F04-14

[出处] 宋代·欧阳修《送惠勤归余杭》。

[释义] 胸有壮志，这着实值得赞扬，但还应该抓紧时间，努力奋强。嘉：赞许。宜：应当。

[赏析] 这两句诗是作者勉赠友人的话，说得语重心长。

[范例] "有志诚可嘉，及时宜自强。"面对使命，只有自强不息、奋发作为，才能抓住机遇，梦想成真。

> 书不记，熟读可记；义不精，细思可精。惟有志不立，直是无着力处。

F04-15

[出处] 宋代·朱熹《又谕学者》。

[释义] 书本记不住，读熟了就能记住；意思不明白，认真思考就能明白其精微之处。但如果志向树立不起来，就不知道该向何处努力了。

[赏析] 这段话指出读书、思考的前提是立志。

[范例] "书不记，熟读可记；义不精，细思可精。惟有志不立，直是无着力处。"恒心是成功的催化剂，而养恒心最离不开意志和勇气。

F04-16

立志不坚，终不济事。

出处 宋代·朱熹《朱子语类》。

释义 如果志向不够坚定，终究难以成事。

赏析 这句话说的不单单是立志的重要性，更强调立志要坚定，如果立志不坚，见异思迁，那么即使表面上看上去立下了志向，但是终究不会成事。所以，这里强调的是立志一定要坚定，不可动摇。

范例 "立志不坚，终不济事。"要保持新气象、好状态，需要有立长志的恒心，而不是常立志的表态；需要锲而不舍，而不能"一日曝十日寒"。

F04-17

不可以一时之得意而自夸其能，亦不可以一时之失意而自坠其志。

出处 明代·冯梦龙《警世通言》。

释义 不可以因为一时间的得意而过于高兴和称赞自己的才能，也不要因为一时的失意而自甘堕落和失去自己的志气。

赏析 穷通有时，不能小胜则喜，小败则丧。其实，正是由于有些人没有立下坚定的志向，才会在得意和失意面前乱了阵脚。失意不灰心，得意莫忘形。当你得意时，要控制好自己的心理；当你失意时，要懂得激励自己，重整旗鼓，再次出发。

范例 "不可以一时之得意而自夸其能，亦不可以一时之失意而自坠其志。"过去的已经过去，无论它是辉煌或是落败，你已站立于此处，就应坚定无畏地走下去。

> 志不立，如无舵之舟，无衔之马，漂荡奔逸，终亦何所底乎？

F04-18

出处 明代·王阳明《王阳明全集·卷二十六》。

释义 人不确立志向，就像是没有舵手的船，或像是没有缰绳的马，飘荡奔跑，最终都不知道去哪里！舵：船上控制方向的装置或设置，此处指舵手。衔：马嚼子，连在缰绳上控制马匹行进的物器。

赏析 明确的志向对人的一生至关重要。有志向的人，他的人生追求和目标是清晰的，他的心中永远涌动着源源不断的动力；没有志向的人，他的人生是盲目和暗淡的，没有理想和追求的人生，毫无任何价值和意义。

范例 明代学者王阳明曾说："志不立，如无舵之舟，无衔之马，漂荡奔逸，终亦何所底乎？"作为少年，就应当志存高远，择高处而立。只有立下高远的目标，才可能成就伟大的事业。

> 经一番挫折，长一番识见；多一分享用，减一分志气。

F04-19

出处 清代·申涵光《荆园小语》。

释义 经历一番挫折，就会增长一番见识；多有一分享受，就会减少一分志气。

赏析 这几句话指人越是贪图享受，就越容易丧失志气。挫折和横逆反而是促进我们成长的重要因素。

范例 人生的路上，我们时时被挫折环伺，被失败包围。但是，经一番挫折，长一番识见；多一分享用，减一分志气。

F04-20 有志不在年高，无志空长百岁。

出处 清代·石成金《传家宝·俗谚》。

释义 只要有远大志向，就算年纪大也没事，一个没有远大志向的人，即便活到很大的岁数也是虚度光阴。

赏析 年轻人只要有志向，成就不可限量，不在年纪大小。古今中外，有意义的人生，总是始于早立志、立大志。

范例 "有志不在年高，无志空长百岁。"有志向的人生才是丰富多彩的人生，没有志向的人简直是虚度一生。

F04-21 良骥不好枥，美瑜不恋山。

出处 清代·吴嘉纪《自淘上至竹西》。

释义 好马不喜欢老待在食槽边，美玉不留恋它的出产地。枥：马槽。

赏析 这两句诗将人才比作良骥、美瑜，"不好枥""不恋山"表示他们不贪恋安逸舒适的生活，志在建功立业。

范例 "良骥不好枥，美玉不恋山。"与其抱膝长叹，空羡外面的世界，不如即刻出发，勇敢地去探索未知的远方。

志不真则心不热,心不热则功不紧。　　　　　F04-22

[出处] 清代·颜元《习斋先生言行录》。

[释义] 立志不真诚坚决,心中就没有热情;心中没有热情,就不会加紧用功。

[赏析] 这两句话也意在说明做事必须树立坚定的志向,这样才能保证做事的热情和效果。

[范例] "志不真则心不热,心不热则功不紧。"学习时一定要沉下心来,千万不要心浮气躁。

天下事业无所谓大小,士大夫救济天下和农夫善治其十亩之田所成就一样。只要在自己责任内,尽自己力量做去,便是第一等人物。　　F04-23

[出处] 清代·梁启超《梁启超家书》。

[赏析] 金句出自梁启超给大女儿梁思顺的书信。信中,梁启超指出,事业无大小贵贱之分,尽责尽力便称得上"第一等人物"。现代社会专业分工更细,种类更多,梁启超的这种择业观,对于今日青年依然很有借鉴意义。

[范例] 职业无高低之分,只要尽心尽责去做,都能彰显价值,获得尊严,取得成就;反过来,再简单的工作,要想出类拔萃,也需付出超于常人的努力。正如梁启超对女儿梁思顺说的那样:"天下事业无所谓大小,士大夫救济天下和农夫善治其十亩之田所成就一样。只要在自己责任内,尽自己力量做去,便是第一等人物。"

F05 改过

F05-01 过则勿惮改。

出处 《论语》。

释义 有了过错就不要怕改正。

赏析 "过则勿惮改"是自我修正、自我完善的过程。有了过错要勇于面对，承认错误才能改正错误。

范例 人非圣贤，孰能无过。"过则勿惮改"是我们该有的对待错误的态度，而不能讳疾忌医，甚至文过饰非，自欺欺人。

F05-02 亡羊补牢，未为迟也。

出处 《战国策》。

释义 羊丢失以后，赶紧修补羊圈，也不算晚。

赏析 这条金句比喻发现问题及时采取善后措施，以免酿成大错。犯错不可怕，只要及时修改，积极挽救总是好的，不能任由错误继续下去，不管不顾，破罐子破摔，那样就会造成更大的损失。

范例 我们发现错误的时候要及时改正，正所谓"亡羊补牢，未为迟也"。

F06 积善

善不积不足以成名，恶不积不足以灭身。　F06-01

出处　《周易》。

释义　人的善行如果不积累，就不能成就一生的名声；人的恶行如果不积累，就不会遭到杀身之祸。

赏析　这句话中的"积"字非常关键。现在社会，物质虽然发达，但人心浮躁，很多人的眼光短浅，不懂得"积"的重要性。

范例　"善不积不足以成名，恶不积不足以灭身。"遏恶扬善，必须重视小事。

从善如登，从恶如崩。　F06-02

出处　《国语·周语下》。

释义　顺随善良像登山一样，顺随恶行像山崩一样。

赏析　这两句话比喻学好很难，学坏极容易。"千里之堤，溃于蚁穴"，防线一旦被攻破，就可能一泻千里。

范例　"从善如登，从恶如崩。"人生不进则退，不论你曾有怎样的辉煌，只要不再进德修业，只要不再坚守诚信的道德底线，那就将"向下"如崩，毁掉自己的一生。（摘自龚克《秉公尽能　永远向上》）

F06-03 小善虽无大益，而不可不做；细恶虽无近祸，而不可不去。

出处 东晋·葛洪《抱朴子》

释义 小的善行虽然不能带来巨大的好处，但是不能不做；小的恶行虽然不能当下就惹来灾祸，但是不能不改。

赏析 有一种道德修养方法叫作积善成德，即通过积累善行或美德，使之巩固强化，以逐渐凝结成优良的品德。这条金句正是这一方法的体现。

范例 对于修身来说，"小善虽无大益，而不可不做；细恶虽无近祸，而不可不去"。

F06-04 新松恨不高千尺，恶竹应须斩万竿。

出处 唐代·杜甫《将赴成都草堂途中有作先寄严郑公（其四）》。

释义 新松朴实挺拔、四季常青，恨不得它能长到千尺之高；恶竹随处乱生、肆意钻营，斩去万竿也不嫌多。

赏析 "千尺""万竿"均为夸张之语，非如此不足以表达诗人的强烈感情。诗人遭逢乱世，深感国之干才难为社会所用，而各种丑恶势力竞相登场，怎能不感慨万分？现今引用，表示一个人要爱憎分明，对好的事物要无比热爱，积极扶持，对腐朽、不好的东西要坚决反对。

范例 "新松恨不高千尺，恶竹应须斩万竿。"善行要积极倡导，同时要疾恶如仇，除恶务尽，这样有助于营造风清气正的社会环境。

F07 谦虚

泰山不让土壤,故能成其大;河海不择细流,故能就其深。

F07-01

出处 秦朝·李斯《谏逐客书》。

释义 泰山不拒绝土壤,所以能成就它的高大;江河大海不放弃细小的流水,所以能成就它们的深邃。

赏析 李斯以泰山、河海作比喻,说明"逐客"为一大失策,兼收并蓄,广纳人才才能使秦国富强。

范例 "泰山不让土壤,故能成其大;河海不择细流,故能就其深。"包容普惠、互利共赢才是人间正道。

多见者博,多闻者智;拒谏者塞,专己者孤。

F07-02

出处 西汉·桓宽《盐铁论》。

释义 见识多的人知识广博,见闻丰富的人头脑智慧,拒绝接受别人意见的人少见寡闻,自己独断专行的人就会被孤立。

赏析 这句话从正反两方面说明遇事多和群众商量的利,以及独断专行的害,告诫人们尤其是领导者要虚怀若谷,广纳谏言。

范例 古人云:"多见者博,多闻者智;拒谏者塞,专己者孤。"善于倾听意见建议,既为作决策提供了"源头活水",也彰显了民主作风、胸怀气度。

F07-03 劳谦虚己，则附之者众；骄慢倨傲，则去之者多。

出处 东晋·葛洪《抱朴子》。

释义 谦虚温和的人，就会有很多人跟随他；骄纵傲慢的人，就会有很多人疏远他。

赏析 人际交往中，一个勤劳、勤恳、勤快又谦逊、谦恭、谦和的人，会有很多人愿意接近他，与他共事。

范例 古语讲："劳谦虚己，则附之者众；骄慢倨傲，则去之者多。"古往今来，越是接近成功的时候，越容易滋生骄傲情绪，也越容易导致失败，这样的惨痛教训不胜枚举。

F07-04 不以先进略后生，不以上官卑下吏。

出处 宋代·王安石《谢王司封启》。

释义 不因为自己是前辈就忽略年青人，不因为自己官居高位就看不起下级官吏。

赏析 "后生可畏"，他们富于朝气，富于进取精神，很容易超过前辈；"下吏"也更接近现实，接近百姓，往往能提出一些切实可行的真知灼见，为"上官"所不及。王安石的这两句话告诉我们，作为前辈，作为"上官"，就特别应该谦虚谨慎，重视"后生"的力量，重视"下吏"的作用，这在当今仍有现实意义。

范例 "不以先进略后生，不以上官卑下吏。"不怕别人看不起，就怕自己不争气。

强中自有强中手，莫向人前满自夸。

F07-05

出处 明代·冯梦龙《警世通言》。

释义 在强者中间还有更强的人，不要在别人面前自满地夸口。

赏析 其实每一个人都有自己的长处，但是被人夸奖，那叫口碑，而自夸，那叫吹嘘。做人贵在有自知之明，既不能轻贱别人，也不要吹嘘自己。

范例 天外有天，人外有人。强中自有强中手，莫向人前满自夸。

不实心不成事，不虚心不知事。

F07-06

出处 明代·陈继儒《小窗幽记》。

释义 做事情不真心诚意，就做不成大事；不虚心向别人请教，就很难明白事理。

赏析 这条金句指诚心实意才能办成事情，谦虚好学才能获得丰富的知识。

范例 古话说得好："不实心不成事，不虚心不知事。"要想做成一件事情，三心二意、虚情假意是不行的；要想掌握更多的知识，自高自大、自满自足也是不行的。（摘自海鸥《心语》）

F07-07

> 人誉我谦，又增一美；自夸自败，还增一毁。

出处 明代·吕坤《续小儿语·四言》。

释义 别人称赞你，能够表示谦虚，等于增加了一种美德；如果自我吹嘘，就会归于失败，还会受到人家的诋毁。

赏析 谦虚、不自满是一种优秀品德，是胜利和成功的必要前提。人有成绩不要自夸，骄傲自大无益处，成功与失败之间，往往只有一步，一旦取得胜利，就骄傲自满，必然功亏一篑，趋向于失败。谦虚的人受人敬重，即使学问高深，也应谦虚。自吹自擂、骄傲自大是无知的表现，只能被人看不起。

范例 "人誉我谦，又增一美，自夸自败，还增一毁。"我们应当永远记住这个真理。

F07-08

> 谦逊是藏于土中甜美的根，所有崇高的美德由此发芽滋长。

作者 [古希腊]苏格拉底。

赏析 谦虚，实际上是摆正个人与集体、个人与社会关系的一种觉悟。有了这种觉悟，美德就会慢慢滋长，一个人也会不断进步。

范例 平和是一种心态，谦逊是一种美德。秉持平和的心态和谦逊的美德，自然能妥善地对待世间的人和事，既尊重自己，也尊重他人，既能处高，也能处低。难怪苏格拉底说："谦逊是藏于土中甜美的根，所有崇高的美德由此发芽滋长。"

F08 俭约

静以修身，俭以养德。 F08-01

- **出处** 三国·诸葛亮《诫子书》。
- **释义** 恬静以修善自身，俭朴以淳养品德。
- **赏析** 诸葛亮一生克勤克俭，"静以修身，俭以养德"既是诸葛亮一生清廉自守的深刻总结，更是他对后代的谆谆教诲，成为千古名句而为后世所称道。
- **范例** 诸葛亮曾经说过："静以修身，俭以养德。"当一个人学会勤俭节约并且能够长期坚持，这本身就是一种成功。

图匮于丰，防俭于逸。 F08-02

- **出处**《晋书·列传·第二十五章》。
- **释义** 在物资丰富的时候，就要为匮乏时谋划；在安逸的时候，就应该想着节俭。
- **赏析** 为人处世，应该未雨绸缪。在物质丰富的时候，就要趁机做好充分的储备，以备将来不时之需。在生活安逸的时候，一定要注意生活节俭，千万不要奢侈浪费，暴殄天物。
- **范例**"图匮于丰，防俭于逸。"身处和平年代的我们应该牢记过往的教训和经历，居安思危，戒奢崇俭。

F08-03

居家之方，惟俭与约；立身之道，惟谦与学。

出处 南朝梁·萧绎《金楼子·立言下》。

释义 家庭管理的方法，只有勤俭节约；为人处世的法则，只有谦虚待人和努力学习。

赏析 勤俭才能持家，要勤劳，要真正懂得一个家需要什么而不需要什么，不浪费。为人处事要谦虚，不吹嘘不骄傲，谦虚才能使人进步，要听得进别人的建议，得别人的长处补自己的短处，心平气和才能和别人相处得融洽。

范例 "居家之方，惟俭与约；立身之道，惟谦与学。"勤俭节约，谦虚好学，是自古传承下来的美德。

F08-04

以俭治身，则无忧；以俭治家，则无求。

出处 元代·许名奎《劝忍百箴》。

释义 用勤俭来约束自身，则不会有忧愁；用勤俭来治家，则不会有求人的地方。

赏析 这条金句表明俭朴是治身治家的法宝。作为新时代的青少年，我们应该始终坚持以俭朴勤勉、为荣，以奢侈浪费为耻，使朴素节俭、艰苦奋斗成为一种价值自觉。

范例 自力更生，丰衣足食，勤俭朴素，不用求人，省去了多少烦恼和忧愁。正如古训所说："以俭治身，则无忧；以俭治家，则无求。"

G 求学治学

G01 真理

朝闻道，夕死可矣。　　　　　　　　　　　　　　　　G01-01

出处　《论语·里仁》。

释义　早上得知真理，当晚死去也未尝不可。

赏析　"朝闻道，夕死可矣"之"道"不是一般的"道理""事理"，而是特指儒家的"仁义之道"。这句话重在"行"，即实践，同时强调牺牲精神。孔子的"杀身以成仁"、孟子的"舍生而取义"正是"朝闻道，夕死可矣"这句话的最佳注脚。

范例　"朝闻道，夕死可矣。"人生就该不断探索和追求真理，尽量不留遗憾。

一时强弱在于力，万古胜负在于理。　　　　　　　　　G01-02

出处　曹禺《桥隆飙》。

释义　短时间的强弱在于力气大小，长时间的胜负在于道理。

赏析　凭武力取胜只是暂时的，靠真理取胜才是永恒的。纵然你一时靠强力占了上风，但是长远来看，胜负全在一个"理"字，有理走遍天下，无理寸步难行。正义可能会迟到，但不会缺席。

范例　"一时强弱在于力，万古胜负在于理"这句话之所以能够一直流传到今天，就是因为它讲出一个真理，那就是真正的胜者永远是那些把真理掌握在自己手上的人。

G01-03

我们听到的一切都是一个观点，不是事实。我们看到的一切都是一个视角，不是真相。

作者 [古罗马]马克·奥勒留。

赏析 本条金句看似简短，却一针见血，在近两千年后的今天仍然很有借鉴意义。围绕这句话我们也能展现不同角度的解读，比如不能盲目相信他人观点，又如每个个体都有局限性，所以要虚心听取他人意见，不要刚愎自用。

范例 青年人在拥抱信息时代带来的便利之时，也要提高辨别真伪的能力，同时要独立思考，做负责的表达者。正如古罗马皇帝马可·奥勒留所言："我们听到的一切都是一个观点，不是事实。我们看到的一切都是一个视角，不是真相。"

G01-04

为真理而斗争是人生最大的乐趣。

作者 [意大利]布鲁诺。

赏析 布鲁诺是文艺复兴时期的思想家、科学家、哲学家、文学家。他勇敢地捍卫和发展了哥白尼的太阳中心说，并把它传遍欧洲，为此他颠沛流离，最终还被宗教裁判所烧死在鲜花广场上。

范例 科学家布鲁诺迈着坚定的步伐走向火刑架，留下了"为真理而斗争是人生最大的乐趣"的名言。他为真理而呐喊、为科学而献身的壮举激励着后人在探索之旅中不断开拓新的领域。

G02 知识

吾生也有涯，而知也无涯。 G02-01

[出处] 《庄子》。

[释义] 我的生命是有限的，而知识却是无穷无尽的。

[赏析] 庄子本意是知识无涯，以我们有限的人生追求无限的知识，必然难以成功。如今，这句话多用来慨叹知识浩瀚，勉励不断努力学习，追求知识的海洋。

[范例] 李老师引用庄子的一句话——"吾生也有涯，而知也无涯"鼓励我们要不断学习，这样才能在充满挑战的社会中大显身手。

海以合流为大，君子以博识为弘。 G02-02

[出处] 西晋·陈寿《三国志》。

[释义] 大海因会和江流得以阔大，君子以博学多闻而得以宏大。

[赏析] 博学要靠日常的积累，不积小流，无以成江海，知识积累多了，就能触类旁通，也就称得上博学了。

[范例] "海以合流为大，君子以博识为弘。"我要努力学习，成为一个博学多识的人。

G02-03

> 君子之学，博于外而尤贵精于内，论诸理而尤贵达于事。

【出处】明代·王廷相《慎言·潜心》。

【释义】君子对于学习，注意外在的广博而尤其重视内在的精熟，谈论事理而更注重通晓事理。达：通晓。

【赏析】这条金句在讲治学知道。君子的学问，不仅外表博大而且内涵尤为精深；不仅理论上说理通而且在行事尤其豁达。任何的知识，如果是停留在书本层面，那将一定意义都没有。只有将书本的知识，与实际结合起来，才能发挥出知识的作用。

【范例】泛而不精不是一个好的学习方法，在广博的基础上同时要注重知识的精深，同时要理论联系实际，正如古人所说："君子之学，博于外而尤贵精于内，论诸理而尤贵达于事。"

G02-04

> 世事洞明皆学问，人情练达即文章。

【出处】清代·曹雪芹《红楼梦》。

【释义】明白世事，掌握其规律，这些都是学问；恰当地处理事情，懂得道理，总结出来的经验也是文章。洞明：洞悉明了。练达：熟练，通达。

【赏析】几经波澜的人，会对人生有独到的领悟。这里也指社会生活实践是文学艺术取之不尽、用之不竭的创作源泉。

【范例】"世事洞明皆学问，人情练达即文章。"艺术可以放飞想象的翅膀，但一定要脚踩坚实的大地。

G03 才干

人之才，成于专而毁于杂。

G03-01

[出处] 宋代·王安石《上仁宗皇帝言事书》。

[释义] 人的才能，成就于专业知识的精通，毁在所学杂乱。

[赏析] 人的才能，只有在相对稳定的使用中才能形成和表现出来，而在反复多变随意调遣中消磨掉。这条金句是说一个人要有所成就，必须专心致志于某件事，不能一件事还没干成，就想着去干其他的事情。

[范例] 北宋文学家王安石有言："人之才，成于专毁于杂。"古今中外，伟人、名人甚至流芳百世的人，绕不过一条铁律，往往同专心致志相伴和有缘。（摘自黄企生《专注是成功之母》）

技无大小，贵在能精。

G03-02

[出处] 清代·李渔《闲情偶寄》。

[释义] 一个人的才能并不在于大小，而贵在能够精通。

[赏析] 这条金句强调精通某一才能的重要性。无论这一才能是大是小，无论掌握的才能是多是少，只要能够做到精通，能够很好地利用这一技能解决问题，就是值得肯定的。

[范例] 选你所爱，爱你所选，精于一比博而不精要好，正所谓，技无大小，贵在能精。

G04 好学

G04-01

敏而好学,不耻下问。

出处　《论语》。

释义　勤勉好学,不以向下请教为耻。

赏析　孔子不但倡导勤学好问,还指出要勇于向不如自己的人请教,因为任何人都不能掌握所有的知识,精通任何事情,所以要有不耻下问的学习态度。

范例　学习中遇到难题的时候,一定要及时询问老师或者同学,即使是学习成绩不如自己的同学,正所谓,"敏而好学,不耻下问"。

G04-02

三人行,必有我师焉。

出处　《论语》。

释义　别人的言行举止,必定有值得我学习的地方。三:虚数,极言很多。

赏析　孔子的"三人行,必有我师焉"这句话,受到后代知识分子的极力赞赏。这体现了古贤人的智慧。他虚心向别人学习的精神十分可贵。他的这段话,对于指导我们处事待人、修身养性、增长知识,都是有益的。

范例　孔子曰:"三人行,必有我师焉。"我们要有空杯的心态,谦虚的胸怀,积小溪成江海,积沙土成高山!

好学深思，心知其意。

[出处] 西汉·司马迁《史记》。

[释义] 爱好学习并能深入思考，心里就懂得了其中的意义。

[赏析] 好学，可以说是学习的态度，深思，是学习的方法。而心知其意，这是需要大到的境界，也就是说学会的标志，勤奋好学，源于对学习目的的正确认识。

[范例] "好学深思，心知其意"，司马迁这句话值得所有读书人共勉。

少而好学，如日出之阳；壮而好学，如日中之光；老而好学，如炳烛之明。

[出处] 西汉·刘向《师旷论学》。

[释义] 少年时喜好学习，如同初升太阳的阳光一样灿烂；壮年时喜好学习，如同正午强烈的阳光；晚年时喜好学习，如同拿着蜡烛照明，点上烛火照明比起在黑暗中走路。

[赏析] 在涉及与学习相关话题的演讲中，我们可以引用刘向这句话阐述要终生勤奋学习的道理；同时当我们周围有人以年龄为借口排斥学习的时候，我们可以用这句话进行劝导和激励。

[范例] 古语"少儿好学，如日出之阳；壮而好学，如日中之光；老而好学，如柄烛之明"，告诫我们学习没有休止符，它永远是进行时，永远在路上。

G05 善学

G05-01　　　学而不思则罔，思而不学则殆。

出处　《论语》。

释义　只是学习却不思考就会迷惑而无所得，只是思考却不学习就会精神疲倦而无所得。

赏析　这句话为孔子所提倡的一种读书及学习方法。指的是一味读书而不思考，就会因为不能深刻理解书本的意义而不能合理有效利用书本的知识，甚至会陷入迷茫。而如果一味空想而不去进行实实在在地学习和钻研，则终究是沙上建塔，一无所得。告诫我们只有把学习和思考结合起来，才能学到切实有用的知识，否则就会收效甚微。

范例　"学而不思则罔，思而不学则殆"这句话告诫我们要把学习与思考紧密地结合起来，读书而不加思考，思想力便会渐渐丧失，犹如一个骑惯了马的人他的步行能力必定差。

G05-02　　　学而时习之，不亦说乎？

出处　《论语》。

释义　学习后经常用所学的知识经常复习，不是很愉快吗？

赏析　对于知识，"学"是一个认识的过程，"习"是一个巩固的过程，要想巩固所学的知识，获得更多的知识，必须"学"与"习"统一起来。

范例 今天我们班组织了一次答题比赛活动，在愉快的学习中，大家相互交流，同台竞技，让人产生"学而时习之，不亦说乎"的快乐体验。

善学者，假人之长以补其短。

出处 《吕氏春秋》。

释义 善于学习的人，总是取别人的长处用来弥补自己的不足。假：利用。

赏析 取长补短是善于学习的表现。看到了他人的长处就应拿来弥补自己的短处。这才是学者求学应有的方法。世界是纷繁多样的，知识是广博无边的，对自学者的学识来说，不可能面面俱到，只有借用别人的长处来弥补自己的短处，学识才能更加充实，自己才会臻于完美。

范例 《吕氏春秋》里说："善学者，假人之长以补其短。"一个人纵然有再大的本事，也要谦虚谨慎，须知，山外有山，楼外有楼。每个人身上，都有值得我们学习的优点、学识和本领。

学者如牛毛，成者如麟角。

出处 三国·蒋济《蒋子万济论》。

释义 学习的人像牛毛一样多，但学成的人像麒麟的角一样稀少。

赏析 牛毛，形容多；麟角，麒麟头上的角，形容少。做学问的人很多，成功的人却极少。形容要取得事业上的成功非常不容易。"麟角"喻为罕见而珍贵的人才。

[范例] 古人常常感叹，"学者如牛毛，成者如麟角"，学无所成的原因是没有定力。人与人拉开差距的关键，大多不是智力的高下，而是毅力与恒心的大小。

G05-05   学古不泥古。

[出处] 《旧唐书》。

[释义] 学习古人，但不为古人所拘泥。

[赏析] "学古"是指以前人为师，学习前人优秀的东西，来提高自己现有的水平；"泥古"是指拘泥于前人的陈规，而不加以变通，死板地照搬，不能活用。以批判的态度对待古人，这个说法是正确的。

[范例] "学古不泥古"，这是历代前贤遵循的学习原则。

G05-06   博观而约取，厚积而薄发。

[出处] 宋代·苏轼《稼说送张琥》。

[释义] 在广博读书而简约审慎地取用，在深厚积累之后慢慢地释放出来。

[赏析] 真正有学识者，是积累了知识精粹的人。古今学界有识之士，治学都很注重"博观而约取"。观而有选，取而有择，有的放矢，唯真是取。

[范例] 古话说："博观而约取，厚积而薄发。"提升自己的认知，

离不开广泛地阅读。读书是了解广阔世界、打开认知大门的一把钥匙。

问与学，相辅而行者也，非学无以致疑，非问无以广识。

G05-07

出处 清代·刘开《问说》。

释义 "问"与"学"是相辅相成地进行的，不"学"就不会发现疑问，不"问"就不能增长知识。

赏析 这条金句说明"学"与"问"是治学的两大途径。若要求学问，则不仅要"学"还要"问"，不仅要善于学习，还要善于反思，善于发问，如此才能做好学问，才能有真学问，才能有大学问。

范例 求知治学之道，在于学而不止，在于问而不停，在于认真读书，在于教学相长，在于实事求是，在于勤于思考，在于不耻下问。正所谓，"问与学，相辅而行者也，非学无以致疑，非问无以广识"。

G06 致用

G06-01 纸上得来终觉浅，绝知此事要躬行。

[出处] 宋代·陆游《冬夜读书示子聿》。

[释义] 从书本上得来的知识毕竟不够完善，要透彻地认识学习知识这件事还必须亲自实践。

[赏析] 诗人从书本知识和社会实践的关系着笔，强调实践的重要性，凸显其真知灼见。"要躬行"包含两层意思：一是学习过程中要"躬行"，力求做到"口到、手到、心到"，二是获取知识后还要"躬行"，通过亲身实践化为己有，转为己用。诗人的意图非常明显，旨在激励儿子不要片面满足于书本知识，而应在实践中夯实和进一步获得升华。

[范例] "纸上得来终觉浅，绝知此事要躬行。"读书的确很重要，但是实践一样很重要，因为只有通过实践才能获得真知。

G06-02 君子之学，或施之事业，或见于文章。

[出处] 宋代·欧阳修《薛简肃公文集序》。

[释义] 君子的学问或用于造福国家社会的实务之上，或将之形成文字写入文章之中以传授给后学。或，有的。

[赏析] 君子的学问不能只利己，而应利国利民利他人。而要利他，要么用于事业，要么见之于文章。古人学问无非这两种用途。

[范例] 北宋文学家欧阳修说："君子之学，或施之事业，或见于

文章。"通过写作，将所学到的东西"见于文章"，润泽他人，这只是学习目的的前一半，还要"施之事业"，应用到实践中去，这是更重要的后一半。

学问之道，贵在实行。

G06-03

[出处] 明代·朱舜水《答安东守约问》。

[释义] 做学问的可贵之处，在于能运用到实践中去。

[赏析] 朱舜水是明清之际的学者和教育家。其学特点是提倡"实理实学、学以致用"，认为"学问之道，贵在实行，圣贤之学，俱在践履"，他的思想在日本有一定的影响。

[范例] 古人说："学问之道，贵在实行。"切不可做语言的巨人、行动的矮子。

能读不能行，所谓两足书橱。

G06-04

[出处] 清代·申居郧《西岩赘语》。

[释义] 只能读书，不能应用实践，这就是人们所说的两只脚的书柜而已。

[赏析] 此名句用一个生动的比喻阐述"知"与"行"的关系。"两足书橱"是一个具体的形象，以之作比，活画出一个只能读不能行的书呆子形象，使人忍俊不禁。

[范例] "能读不能行，所谓两足书橱。"言与行的比例是要匹配的，才不会给人夸夸其谈的感觉。

G07 尊师

G07-01

尊师则不论其贵贱贫富矣。

- 出处 《吕氏春秋》。
- 释义 对于老师不管其贵贱贫富都要尊敬。
- 赏析 千百年来，中国尊师重教传统源远流长、历久不息。"尊师则不论其贵贱贫富矣"，将尊师重教放到极高的位置，而抛弃了功利性的贫富贵贱之别。在历史的发展中，"曾子避席""程门立雪"等典故也受到世代传颂，成为千古佳话。
- 范例 古语有云"尊师则不论其贵贱贫富矣"，可见自古以来的尊师重道传统，尊的是老师高尚的品行情操，重的是学以修身养德的正道。

G07-02

无贵无贱，无长无少，道之所存，师之所存也。

- 出处 唐代·韩愈《师说》。
- 释义 无论高低贵贱，无论年长年幼，道理存在的地方，就是老师所在的地方。
- 赏析 韩愈这句话有以能者为师的合理内涵。其进步的教育思想，在今天仍有借鉴意义。有志不在年高，知识不分贵贱，谁掌握了真正的学问，谁就应该受到尊重，大家就应该向他学习。
- 范例 学生必先"尊师重道"，而后才有"亲其师信其道"。要始终牢记,"无贵无贱,无长无少,道之所存,师之所存也"。

教师是太阳底下最光辉的职业。

出处 [捷克]夸美纽斯《大教学论》。

赏析 没有教育,也就没有人类的进步和发展;没有教师,社会的发展也就停滞不前。所以,古往今来,不少伟大的教育家、作家给予教师及其工作以很高的评价。

范例 教师是太阳底下最光辉的职业,是人类灵魂的工程师。我的理想就是做一名人民教师。

不管一个人取得多么值得骄傲的成绩,都应该饮水思源,应当记住是自己的老师为他的成长播下了最初的种子。

作者 [法]居里夫人。

赏析 优秀的教师既教会学生本领,也教会学生做人,能为学生指引前进的方向。他们在培养人才的同时,会告诉学生光明的所在,这个方向犹如灯塔,能够让学生不迷失,不气馁,同时能充满梦想和斗志。

范例 居里夫人说:"不管一个人取得多么值得骄傲的成绩,都应该饮水思源,应当记住是自己的老师为他的成长播下了最初的种子。"在教师节之际,祝愿所有辛勤付出的老师,节日快乐!

H 交友处世

H01 友谊

H01-01 四海之内，皆兄弟也。

出处　《论语》。

释义　天下的人都像兄弟一样。

赏析　《论语》中的这句话其实是儒家传统文化中仁爱思想的集中体现。中国自古就主张不仅要爱亲睦邻，还要"泛爱众"。"四海之内，皆兄弟也"所传达出来的仁爱友善思想已经成为当今人类的共识。

范例　"四海之内，皆兄弟也。"医疗是不分国界、不分种族的，救死扶伤是每一位医护人员的本能。

H01-02 有朋自远方来，不亦乐乎？

出处　《论语》。

释义　有志同道合的朋友从远方来，不也愉快吗？

赏析　这句话常被用以对远道而来的朋友表示欢迎。

范例　早在2500多年前，中国古代伟大的思想家孔子就说："有朋自远方来，不亦乐乎？"这句话我们都非常熟悉，描述的是与朋友欢聚时的场景，这既是一种对朋友的呼唤，也是一种对朋友的欢迎。

士有诤友，则身不离于令名。

H01-03

[出处] 《孝经》。

[释义] 身为士人必须有诤友，才能使自己保持良好的声誉。

[赏析] 交朋友是人的情感需要，但朋友不是多多益善，而应择善而交、择言而听、择事而行。批评是化腐去疾的利器，诤友是点拨警醒的良医。不论是直言相劝，还是促膝长谈，诤友的价值就在于帮其改错、促其进步。人无完人，听取别人意见是改过迁善的前提。

[范例] 古语有云："士有诤友，则身不离于令名。"陈毅元帅也曾有诗云："难得是诤友，当面敢批评"。这就是说，真正的诤友是在你面前，始终坚持说真话，敢于当面指出你不足之处的人。

不知其人视其友。

H01-04

[出处] 《孔子家语》。

[释义] 不了解他的为人如何，看看他结交的朋友就知道了。

[赏析] 物以类聚，人以群分。一个人结交什么样的人，实际上是反映这个人的品格高低与价值取向。因此，选择怎样的人做朋友，是必须认真对待的事情。

[范例] 《孔子家语》中讲，"不知其人视其友"。想要了解一个

人，看他的朋友就够了。因为人品的好坏，其实可以互相影响。

H01-05 朋友之交，不宜杂浮。

出处 东晋·葛洪《抱朴子》。

释义 交朋友不能太多太杂。浮杂：指随便交而情谊浅对象杂。

赏析 我们提倡广交益友，但交友要慎重，宁缺毋滥。所谓的损友，只能与你同甘而不能与你共苦，这种人只能相处，不能深交。泛交者多后悔，只有谨慎交友，才会不失掉好的朋友。

范例 "朋友之交，不宜浮杂。"随着年龄的增长，我渐渐地懂得了真正的朋友，是没有浮杂扰心之事的，往往是那些爱斤斤计较的人，才会使关系变成烦恼。

H01-06 结有德之朋，绝无义之友。

出处 《名贤集》。

释义 结实有道德的朋友，断绝没道义的朋友。

赏析 孔子曾经说过"无友不如己者"，意思是不要和不如自己的人交朋友。这种态度并非势利，而是高度看重结交朋友的意义。结交朋友，是为了向他们充分学习，和他们真诚地切磋交流，从而提高自己的人生境界。因此，要结交有道德的益友，断绝不讲道义的损友。

范例 人生需要朋友，"朋友圈"越大越好，但一定要谨记：结有德之朋，绝无义之友。

> 道义相砥，过失相规，畏友也；缓急可共，死生可托，密友也；甘言如饴，游戏征逐，昵友也；利则相攘，患则相倾，贼友也。

出处 明代·苏竣《鸡鸣偶记》。

释义 在道义方面相互砥砺，对于过失能给予劝诫，这是值得敬畏的朋友；能患难与共，托付死生的，是密友；能以甜蜜的语言相互倾诉，终日嬉戏游荡的，是昵友；有利可图时相互排挤，患难时相互倾轧的，是贼友。砥，即激励、鼓励；规，即规劝。

赏析 这条金句把朋友分为四类，明确了具体标准。《论语》中说："益者三友，损者三友。友直、友谅、友多闻，益矣；友便辟、友善柔、友便佞，损矣。"同样为好朋友与坏朋友划分了一个界限和标准，可以当作一面镜子来照，辨识何谓好坏。而"直""谅""多闻"三词，表达的就是畏友之意。其中蕴含的道理，现在仍然可以作为我们辨友、交友的一面镜子。中国几千年的传统文化中，始终推崇志同道合的择友观，本质就是"道义相砥，过失相规"的价值理念。只有志同道合之人，才能在共同的人生信仰下，彼此珍视、彼此支持，在时间的考验中锻造最珍贵的友谊、创造最成功的事业。

范例 "道义相砥，过失相规，畏友也；缓急可共，死生可托，密友也；甘言如饴，游戏征逐，昵友也；利则相攘，患则相倾，贼友也。"人的生活离不开友谊，但要得到真正的友谊才是不容易。友谊总需要忠诚去播种，用热情去灌溉，用原则去培养，用谅解去守护。

H01-08 豆角开花藤牵藤,朋友相处心连心。

[出处] 《增广贤文》。

[释义] 豆角开花的时候是互相连在一起的,朋友在一起要真心相处,这样感情和友谊才会长久,才会成为知己。

[赏析] 开花的豆角藤牵着藤,一起往上攀爬生长,单根豆角藤是不能自己爬高的,"豆角开花藤牵藤"比喻朋友之间相互帮助,互相鼓励,才能一起进步,共同成长。

[范例] "豆角开花藤牵藤,朋友相处心连心。"朋友之间应该像豆角藤一样,相互理解、相互关心、相互帮助,一起面对生活中的困难和挑战。

H01-09 朋友,以劝善规过为先。

[出处] 清代·方苞《与翁止园书》。

[释义] 朋友的情谊,首先表现在劝勉行善、规谏改过上。劝:劝勉,鼓励。规:规谏。

[赏析] 真正的朋友应该是那种彼此通情达理,荣辱与共,肝胆相照的人。倘若觉察到朋友有过失之处,为了尽心,首先应有劝告之责任。就让朋友悬崖勒马,适可而止,使朋友之作用能够得于发挥。

[范例] 劝善规过,是相助,更是相长,也是朋友之间的可贵之处,正所谓"朋友,以劝善规过为先"。

H02 礼仪

> 不学礼，无以立。   H02-01

- **出处** 《论语》。
- **释义** 不学礼就不懂得怎样立身。
- **赏析** "不学礼，无以立。"就是说不学会礼仪礼貌，就难以有立身之处。这是老祖宗留给我们的真实教诲，以礼待人才能以理服人！礼是作为一个健全人所必需的素质。
- **范例** "不学礼，无以立"，懂礼、习礼、明礼、守礼仍是为人处世、行为准则上的一个重要衡量标准。

> 衣冠不正，则宾者不肃。   H02-02

- **出处** 《管子》。
- **释义** 接待客人时衣帽不整齐，客人的态度也就不恭敬。
- **赏析** 服装存在的意义不仅仅只是为了遮羞保暖，同时也是一个人内心审美能力最直观的表现。在我国传统观念里，在衣着打扮方面比较重视。这条金句也体现了这一点。
- **范例** 英国莎士比亚曾说"服装往往可以表现人格"，而我国管仲也提出"衣冠不正，则宾者不肃"，可见"正衣冠"本身就是一件很严肃的事情，它关乎礼节，也是一面反映一个人内在修养的镜子。

H02-03

> 仓廪实，则知礼节；衣食足，则知荣辱。

出处 《管子》。

释义 粮食富裕，人们就知道礼节；衣食丰足，人们就懂得荣辱。

赏析 这两句话是千古传诵的名言，它反映了物质生产和精神文明之间的关系，体现了管仲重民富民的政治主张。管仲深刻地认识到，生存需要是人的第一需要。为政者不要忘记"仓廪实""衣食足"是使人民"知礼节""知荣辱"的前提。

范例 我们切不可物质上脱贫了，精神上却愚昧了。我们需要的是"仓廪实，则知礼节；衣食足，则知荣辱"。

H02-04

> 礼尚往来，往而不来，非礼也；来而不往，亦非礼也。

出处 《礼记》。

释义 礼崇尚往来，施人恩惠却收不到回报，是不合礼的；别人施恩惠于己，却没有报答，也不合礼。

赏析 礼尚往来是中国社会最古老、最普遍的交往形式。礼物作为一种符号，传达着人情，承载着文化规则及礼物所蕴含的人的情理联系。在中国这样一个礼仪之邦，人们历来重视人情。人情就是礼节应酬和礼物馈赠，是一种社会情感。礼物交换是表达人们情感和维持人际交往的重要工具，可以起到维持、发展并且强化人情的作用。礼尚往来有一些规则，如送礼要遵循社会规则，按远近亲疏来决定礼的种类和分量；受礼必回礼；回礼必以别人的礼为参照，分量绝不能少于受的礼。

范例 "礼尚往来，往而不来，非礼也；来而不往，亦非礼也。"有来有往，彼此的关系才能在一餐一饭中更长久，更深厚。做人，留一份厚道在心中，不愧对别人，也不亏待自己。

大行不顾细谨，大礼不辞小让。

H02-05

[出处] 西汉·司马迁《史记》。

[释义] 大的作为在细微之处顾不得谨慎，举行重大的礼仪就不怕有小的指责存在。

[赏析] 在现实生活中，有些人往往因为一些小的礼节而瞻前顾后难成大事，但是有些人却会把眼光放在长远的地方，让自己即使失去一些小的礼节，能够获得大的赞赏，这样的人才能真正地做成大事，果断而勇猛。

[范例] 办大事时不可避免地会出现一些小的差错，正所谓，"大行不顾细谨，大礼不辞小让"。

让礼一寸，得礼一尺。

H02-06

[出处]《太平御览》。

[释义] 以礼相让，事虽微而获益必大。

[赏析] 一尺等于十寸。这条金句比喻只要做到行为礼让，也会得到更多的礼让对待。强调讲究礼节不会吃亏。

[范例] "让礼一寸，得礼一尺。"尊重是一缕温暖心田的太阳，是一扇通往美丽心灵的窗户，是一簇开在心田的花朵。

尊重他人，礼让他人，自己在无意之中反而会得到更大的收益。

H02-07　老不拘礼，病不拘礼。

出处　清代·吴敬梓《儒林外史》。

释义　老人可以不必拘泥于礼节，病人可以不必拘泥于礼节。

赏析　人在年老的时候，在生病的时候，是非常脆弱的，此时，如果还强遵一些礼仪，会伤害到身体，造成不可追悔的损失。越迂腐的人，活得越累，越受苦。

范例　虽说礼节非常重要，但是也有例外的，像有些老人行动不便，或是病人有病在身，就不应该要求他们讲过多的礼节。正所谓，"老不拘礼，病不拘礼"。

H02-08　礼貌过盛者，情必疏。

出处　清代·申居郧《西岩赘语》。

释义　朋友交往，礼节过繁，相互间的感情，必定疏远。

赏析　过分讲究礼貌，就意味着双方的感情一定不亲密。人与人的交往一定要注意礼貌，这是应当的，可是太讲究了就显得做作，就会成为别人和自己的压力。所以，礼节也要讲究适度。

范例　"礼貌过盛者，情必疏。"所以，在与人交往时，掌握好礼仪分寸，不卑不亢，落落大方，可能是让双方都感到舒服的一种方式。

H03 诚信

轻诺必寡信,多易必多难。

H03-01

[出处] 《老子》。

[释义] 轻易许下的诺言必然缺乏信用,把事情认为地或者形容得很容易的话,真正做起来就会有更多的麻烦。

[赏析] 前半句话教育我们不要轻易许诺,只要许了诺就要认真践行,不要失去了信义,后半句教育我们不要轻视我们所遇到的事情或者对手,否则我们肯定会在做这件事的过程缺乏后劲和必要的准备而失败。

[范例] 王老师经常用"轻诺必寡信,多易必多难"这句话来告诫我们,不可随便答允别人的请托。

与朋友交,言而有信。

H03-02

[出处] 《论语》。

[释义] 同朋友交往时说话要讲诚信。

[赏析] 交朋友的时候,一定要守信用、讲诚信、重承诺。不能够说话不算话,要让朋友觉得你是个靠得住的人。否则,即使你有能力、有才华,也得不到别人真正的认可。

[范例] 《论语》中说:"与朋友交,言而有信。"做人要尽力做到守信,因为守信是人与人交往的基础。在古人看来,诚是内在的品质,信是外在的表现,只有遵循真诚心灵的

要求所做出的实在行为，才具有感染他人的力量。

H03-03 言不信者行不果。

出处 《墨子》。

释义 不讲信用的人，行动也不会有结果。

赏析 "言不信者行不果"，强调了诚信的重要性。人们常用"一诺千金"来衡量信的价值，其实何止千金，在中国人的观念里，信是为人立世的基点。

范例 "言不信者行不果"，此次班会旨在丰富同学们对诚信的认知，以及坚定同学们在生活中保持诚信的"赤子之心"。

H03-04 三杯吐然诺，五岳倒为轻。

出处 唐代·李白《侠客行》。

释义 几杯热酒下肚，便慷慨许诺，愿为知己两肋插刀，一诺重于泰山。

赏析 李白《侠客行》一诗虽在礼赞侠客精神。这两句诗写信陵君款待侯嬴和朱亥，两位侠客为信陵君的大义和感情所感动，意气慷慨激昂如白虹贯日，许下比五岳还重的诺言。

范例 "三杯吐然诺，五岳倒为轻。"守信，是用钱都买不到的人格魅力。诚信的人能忠实于事物的本来面目，不歪曲，不篡改事实，同时也不隐瞒自己的真实想法，光明磊落，言语真切，处世实在。

> 上不信，则无以使下；下不信，则无以事上。

H03-05

[出处] 唐代·吴兢《贞观政要》。

[释义] 君主不信任臣下，就无法使用他们；臣下不信任君主，就无法侍奉君主。事：侍奉。

[赏析] 这条金句指上级与下级之间，要靠诚信来协调关系。强调了上下级之间信任的重要性。

[范例] "上不信，则无以使下；下不信，则无以事上。"如果上级不讲信用，即使强令下级做事，也收不到好的效果；反之，如果下级不讲信用，那他就不可能长久地干下去了。

> 有所期诺，纤毫必偿；有所期约，时刻不易。

H03-06

[出处] 宋代·袁采《袁氏世范》。

[释义] 答应别人的东西，一点也不能少；与别人约好的时间，一时一刻也不能忘记。

[赏析] 这条金句强调了严格遵守约定的重要性。一言既诺，万山无阻。如果一个人对自己作出的承诺打折扣，讲条件，那么这个人也是不能信任的。

[范例] "有所期诺，纤毫必偿；有所期约，时刻不易。"能做到这一点的人一定是个诚实可靠的人，也一定能得到他人由衷的敬佩。

H04 正直

H04-01 其身正，不令而行；其身不正，虽令不从。

- **出处** 《论语》。
- **释义** 自身端正，不用命令人们就会遵行；自身不端正，虽发命令也没有人听从。
- **赏析** 孔子这两段话都说明了为政者自身行为端正的重要性。在我国历史上，注重修身立德、为官清廉，是许多思想家倡导的政治主张，也是一些正直的士大夫终身恪守的为官准则。上级身先士卒、率先垂范，就能上行下效，清风劲吹。
- **范例** 方校长特别重视自身作风建设，他常说，"其身正，不令而行；其身不正，虽令不从"。

H04-02 直如朱丝绳，清如玉壶冰。

- **出处** 南朝宋·鲍照《代白头吟》。
- **释义** 志士如红色的丝绳那样正直，如玉壶中的冰块那样高洁清廉。朱丝绳：朱弦，即染成朱红色的琴瑟弦。玉壶冰：玉壶中的冰块。
- **赏析** 诗人以朱丝绳和玉壶冰来比喻节操的刚正与洁白无瑕。
- **范例** "直如朱丝绳，清如玉壶冰。"高尚的人格，深厚的学养，是高老先生书法绘画艺术的根本。

H05 宽容

> 宽则得众，信则人任焉。　　　　　　　　　　H05-01

出处　《论语》。

释义　宽厚就会得到众人的拥护，诚信就能得到别人的任用。

赏析　有宽阔胸怀的人能结交更多的朋友。宽容别人就是宽容自己。宽厚待人，就能得到别人的拥护；为人刻薄，只能让人无比讨厌。待人诚信，就能得到别人的信任和重用；自作聪明，偷奸耍滑，欺骗别人，必然众叛亲离。

范例　解放战争时期，在延安，一个老百姓家中的一头驴被雷劈死了，她把怨气发到毛主席身上。但毛主席并未生气，而是让工作人员去调查，最后找出问题的根源，妥善解决了问题。"宽则得众，信则人任焉"，就是这个道理。容不下意见，何以进步？

> 人无弘量，但有小谨，不能大立也。　　　　　H05-02

出处　《管子》。

释义　人没有宽大的胸怀，只是谨小慎微，不能成就大的事业。

赏析　谨慎处世，在实际生活中，是常见且应该的。但如果没有宽阔的胸怀，没有足够的魄力，过于谨小慎微，拿不起，放不下，那就必将如管子所言，"不能大立也"——庸庸碌碌，一事无成了。

范例 "人无弘量，但有小谨，不能大立也。"凡成大事业者，总是胸襟旷达、宽怀大度。

H05-03　日月称其明者，以无不照；江海称其大者，以无不容。

出处　西晋·陈寿《三国志》。

释义　日月被称为很明亮，是因为它们没有什么不照耀；江海被称为博大，是因为它们没有什么不包容。

赏析　这条金句以日月的明亮、江河的博大作比，说明心胸博大则明，有容乃大。

范例　"日月称其明者，以无不照；江海称其大者，以无不容。"宽容于己不会失去什么，反而可以收获快乐，收获成功，会给人间增添一些欢乐和温情。

H05-04　君子不责人所不及，不强人所不能，不苦人所不好。

出处　隋代·王通《中说》。

释义　德行修养很好的人，不会责备别人不去做那种力所不能及的事，不会强迫别人去做他没法做到的事，不要硬逼别人做所不愿做的事。

赏析　这三句话讲用人处事之道。设身处地地为他人着想，别人才会以同等的态度尊重你。体谅别人是具有良好素质的表现，学会体谅是与人和谐相处的基础。

[范例] 做人要学会换位思考，己所不欲，勿施于人。"君子不责人所不及，不强人所不能，不苦人所不好"。

和以处众，宽以待下，恕以待人，君子人也。

H05-05

[出处] 宋代·林逋《省心录》。

[释义] 对众人和气相处，对下人宽厚相接，对有过失的人宽恕相待，这就是君子一样的人。和：和气，和善。处：交往。接：接触。恕：宽恕。君子：有修养的人。

[赏析] 无论是君子还是常人，对待他人贵在"和、宽、恕"三个字。我们之所以会觉得总是遇人不淑、诸事不顺，其实这往往与自己激进、严苛的心有关。一个人心中满怀荆棘怨念，必然会看世间各事各人不顺，因此也会徒增心中烦闷。长此以往，就形成了令人难以摆脱的恶性循环。

[范例] 宽容是一种度量，宽恕是一种智慧，以宽宏宽恕之心待人，可以赢取别人的信任和帮助。正所谓，"和以处众，宽以待下，恕以待人，君子人也"。

得放手时须放手，得饶人处且饶人。

H05-06

[出处] 元代·关汉卿《窦娥冤》。

[释义] 能宽容时就要宽容，能饶恕的地方就要饶恕。

[赏析] 这条金句指为人处世不宜太苛刻，要有大度量，对己严，对人宽。

[范例] 元曲家关汉卿说过："得放手时须放手，得饶人处且饶人。"一点点小事就争吵不停，是很伤感情的一件事情，凡事不要斤斤计较，要懂得待人以宽的道理。

H05-07 严以律己，宽以待人。

[出处] 清代·罗泽南《与蒋瀛海书》。

[释义] 对自己要求严格，待别人则很宽厚。

[赏析] 优秀的人，总是对自己的要求很高，他们时常会反省自己，于思考中实现自我超越。对待别人的无心之过更是一笑而过，即使遭遇小人的暗算也不多做计较，这不仅是一种态度，更是一种智慧，不纠缠不是懦弱，而是放下。

[范例] 一个有信仰的人，应该严以律己，宽以待人，不过多地关注别人，并且要经常检查自己的行为，自我反省，不断进步。

I 家庭事业

I01 爱亲

哀哀父母，生我劬劳。

I01-01

- **[出处]** 《诗经》。
- **[释义]** 可怜的父母，因为生养我们而辛勤、劳累了一生。哀哀：悲辛、可怜的样子。劬：劳累。
- **[赏析]** 父母用大半生的心血和汗水养育子女。这是人类这一物种得以延续的法则，也是社会伦理的美德。因此，我们在立志做一位科学家、艺术家、外交家、银行家、企业家的时候，别忘了先"立志做一个孝子"。
- **[范例]** "哀哀父母，生我劬劳。"我的母亲是一位十分勤劳善良慈祥的人。面对生活的艰辛，她从不怨天尤人，而是用她的勤劳和坚韧渡过生活中的难关。

兄弟阋于墙，外御其侮。

I01-02

- **[出处]** 《左传》。
- **[释义]** 兄弟们虽然在家里争吵，但能一致抵御外人的欺侮。阋：争吵；墙：门屏。
- **[赏析]** 这句话是说兄弟之间即使有分歧有矛盾，但能团结起来对付外来的侵略。

范例 "兄弟阋于墙,外御其侮。"只有大敌当前,才深知团结的可贵,亲情的可贵。

I01-03

父母在,不远游,游必有方。

出处 《论语》。

释义 父母在世,不出远门,如果要出远门,必须告知自己所去的地方。"方"指一定的去处、方向。

赏析 父母身体健康时外出,要让父母知道你的去处是安全的。如果父母的身体需要照顾,而自己又需要外出就"必须"安排好照顾好父母的"方法",以尽孝道,即游"必"有"方"。这句话表明孔子既强调子女应奉养并孝敬父母,但又不反对一个人在有了正当明确的目标时外出去奋斗。

范例 青年人志向远大,志在四方,志在远方,无可厚非,但也应该在选择就业时想到,怎样照顾、赡养父母。孔子所说"父母在,不远游,游必有方",也是在提醒人们不要忘记自己的父母。

I01-04

乌鸟私情,愿乞终养。

出处 晋代·李密《陈情表》。

释义 我怀着乌鸦反哺的私情,乞求能够准许我完成对祖母养老送终的心愿。

赏析 传说小乌鸦长大后,能衔食喂养老乌鸦。比喻奉养长辈的孝心。也作"乌鸟之情"。乌鸟尚有反哺之情，生而为人更不该忘本，忘记自己肩上担负着的责任——回报父母、回报社会。

[范例] "乌鸟私情，愿乞终养"是《陈情表》中的经典名句，而其中宣扬的孝文化更是被传颂了千年，孝道从来就不是说说而已，而是需要去践行。

慈母手中线，游子身上衣。

[出处] 唐代·孟郊《游子吟》。

[释义] 慈祥的母亲手里把着针线，为即将远游的孩子赶制新衣。

[赏析] 这两句用"线"与"衣"两件极常见的东西将"慈母"与"游子"紧紧联系在一起，写出母子相依为命的骨肉感情。

[范例] "慈母手中线，游子身上衣"，从这句话中，每个人都可以感受到母亲的牵挂。

谁言寸草心，报得三春晖。

[出处] 唐代·孟郊《游子吟》。

[释义] 谁说像小草那样微弱的孝心，能报答得了像春晖普泽的慈母恩情？

[赏析] 作者直抒胸臆，对母爱作尽情的讴歌。这两句采用传统的比兴手法：儿女像区区小草，母爱如春天阳光。儿女怎能报答母爱于万一呢？悬绝的对比，形象的比喻，寄托着赤子对慈母发自肺腑的爱。

[范例] "谁言寸草心，报得三春晖。"母亲的叮咛，是温暖岁月的炭火，是撑起希望的风帆。

I01-07

祭而丰，不如养之薄也！

出处 宋代·欧阳修《泷冈阡表》。

释义 祭祀即使很丰盛，也比不上活着时薄薄地奉养！

赏析 欧阳修四岁时，父亲亡故，葬于吉州沙溪凤凰山泷冈。60年以后，在祭奠父亲为其修建墓表时，欧阳修写下了《泷冈阡表》一文，文中引用了母亲给他讲述的，父亲在祭祀祖母时边哭边说的一句话："祭而丰，不如养之薄也。"是说死后祭祀再丰盛，也不如他们在世时作微薄的奉养。《增广贤文》中把"薄"字改成了"厚"字，强调生前厚养，多尽孝道。

范例 古人说："祭而丰，不如养之薄也！"孝敬老人，是我国的优良传统美德。要比，就比一比老人在世时，对老人的关心、照顾是否无微不至、细致周到，从精神上和生活上尊敬体贴。（摘自吴德忠《厚葬不如厚养》）

I01-08

相亲相爱和家庭和睦乃是无价之宝，远比那些会生锈朽坏、蠹咬蛾蚀的财物为可取。

出处 [英]夏洛蒂·勃朗特《夏洛蒂·勃朗特书信》。

赏析 这是作者写给好友亨利·纳西的一句话。诚如她所说，一个和睦的家庭可以给人带来温暖和安慰，让人感受到爱的力量，从而更加珍惜生命中的每一天。相比之下，财物则会随着时间的流逝而失去其价值，无法给人们带来真正的幸福和满足。

范例 英国作家夏洛蒂·勃朗特曾说过，相亲相爱和家庭和睦乃是无价之宝，远比那些会生锈朽坏、蠹咬蛾蚀的财物为可取。希望我们每个人都能认识到家庭和亲情的可贵。

102 治家

> 一家二贵，事乃无功。 102-01

【出处】《韩非子》。

【释义】一个家庭内如果有两个人掌握家政，那么无论任何作为，都不会成功。

【赏析】在家族中，如果有两个尊贵的人，仆役们将不知道听谁的，而做不成事情。虽然当今社会强调民主决策，但是韩非"一家二贵，事乃无功"这句话并非对我们完全没有启发意义。民主制度与凡事责权明晰的要求是并不矛盾的。因此，在必须做出决断的时候，是需要确定一位最后的决策者的。如果遇事总是议而不决，那将永远一事无成。

【范例】"一家二贵，事乃无功""家有千口，主事一人"，任何时候，家庭里边都需要有一个主心骨，这样遇事才不至于议而不决，无所作为。

> 慈母有败子。 102-02

【出处】《韩非子》。

【释义】母亲太仁慈，容易溺爱子女，往往娇惯出败家子。

【赏析】这里的"慈母"是指宠溺孩子的母亲们。"慈母"们没有教过他们的孩子做一个有素质的人，或是没有用对方法，没把孩子教育出来。而这样的孩子往往没有什么本事，在社会上也不会受到多大欢迎，但是他们又抵不住诱惑，又想过优越的生活,所以难免会误入歧途。

范例 俗话说,慈母有败子。作为一个母亲,慈祥本是好事,但如果在对子女的教育上,一味地仁慈甚至溺爱纵容,那么养出的儿女多半没有出息。

102-03　父子笃,兄弟睦,夫妇合,家之肥也。

出处 《礼记》。

释义 父子之间心意诚厚,兄弟之间和睦相处,夫妻之间和和美美,家业才能兴旺发达。

赏析 父母子女之间和和睦睦,夫妻之间情深意笃,这就是最好的家风。有好的家风,何愁家族不兴旺,何愁子女不幸福。

范例 《礼记》中说:"父子笃,兄弟睦,夫妇合,家之肥也。"家庭的兴旺发达离不开亲人之间的和睦相处,而夫妻关系的和睦是其最为重要的一环。夫妻恩爱,互相尊重,潜移默化之下孩子的性格也会变得温良醇厚。

102-04　治家者先修己,修己者先正心。

出处 《宋史》。

释义 要管好家,就要先提高自己的修养;要提高修养,就要先端正心性。

赏析 治理家庭也是一门学问,不是随随便便就能掌握的。但是,最重要的还是要先提高自身的修养。尤其是作为家长,只有自身的行为规范了，自己的心态端正了，才能引导其他家庭成员自觉维护良好的家庭氛围，共同把家庭建设好，维护好。

范例 治国和治家的道理是相同的。古训说："治家者先修己，修己者先正心。"作为一家之长，必须先从自身做起，而严以律己的要点就是"正心"，换句话说，就是加强思想修养。

勤俭，治家之本；和顺，齐家之本；谨慎，保家之本；诗书，起家之本；忠孝，传家之本。

出处 清代·金缨《格言联璧》。

释义 勤劳俭朴，是管理家务的根本；和谐安顺，是整治家庭的根本；谨慎持重，是守护家业的根本；诗书文章，是振兴家业的根本；忠孝道德，是承袭家业的根本。

赏析 这五条是对治家经验的总结，也是一个家族兴旺发达的成功法则，在当今社会仍有借鉴意义。

范例 家是我们身心的寄居之所，家是我们心灵的港湾。中华文化中，家有深厚的意味、丰富的精神内涵。管理家庭，至关重要。"勤俭，治家之本；和顺，齐家之本；谨慎，保家之本；诗书，起家之本；忠孝，传家之本。"这五条经验，就是古人总结出来的法则，值得我们后人学习传承。

I02-06 成家子，粪如宝；败家子，钱如草。

出处 清代·石天基《传家宝》。

释义 创立家业的后生，把肥田的粪土当宝贝一样爱惜；败家的后代，把家产钱财当作野草一样抛掷。

赏析 这几句话指成家子勤劳俭朴，败家子挥金如土。

范例 民间有句俗语：成家子，粪如宝；败家子，钱如草。我们青少年学生要发扬艰苦朴素的优良传统，要做把爱粪如宝的"成家子"，不要做那花钱当草的"败家子"。

I02-07 治家严，家乃和；居乡恕，乡乃睦。

出处 清代·张鉴《浅近录·家法》。

释义 治家严格，家庭才祥和；处人宽恕，乡邻才和睦。

赏析 家庭是社会的细胞，是人生的第一所学校，对社会而言，家风正，才能支撑起良好的社会风气。要想家风正，必须治家严。作为一个家庭，必得有一定的家规，否则各行其是，还不乱了套？何谈家庭和睦，家风优良？而要想乡邻和睦，则需要宽以待人，以和为贵。

范例 "治家严，家乃和；居乡恕，乡乃睦。"好家风，既会影响一个家庭、一个个体，更能涤风励德、淳风化俗。

103　教子

> 父子之严，不可以狎；骨肉之爱，不可以简。

【出处】北齐·颜之推《颜氏家训》。

【释义】父子之间要严肃，不可狎昵；骨肉之亲要仁爱，不可简慢。狎：亲近但态度不庄重。简：简慢，怠慢。

【赏析】父母对儿女的爱，要有底线，过于宽松，就是放任；过于严格，就会让孩子厌恶，适得其反。这条金句就是在讲如何处理父母与孩子之间的关系，把握其中的尺度。

【范例】古训说："父子之严，不可以狎；骨肉之爱，不可以简。"没有家教的孩子，很容易滋生任性、傲慢、自私、怠惰等恶习。

> 遗汝子孙清白在，不须厦屋太渠渠。

【出处】宋代·陈俊卿《示二子》。

【释义】送给你的子孙清白在就行了，不需要什么高大的房屋。渠渠，通"巨"，取自《诗经》："于我乎，厦屋渠渠。"

【赏析】这两句诗表达了留给后代的遗产，清清白白的精神财富胜过物质财富。清廉有识之士应当把清正廉洁的家风一代一代地传承下去，让"廉洁做人，干净做事"成为子孙后代的座右铭。

[范例] 父母若让子女懂得"遗汝子孙清白在,不须厦屋太渠渠"的道理,那子孙就会想着自己动手,丰衣足食,有较高的操守和品行。

103-03 授书不在徒多,但贵精熟。

[出处] 明代·王阳明《传习录》。

[释义] 讲授书本知识,不能一味追求课目多、知识量大,重要的是能把最精粹的东西传授给儿童,使之熟练地掌握。

[赏析] 尽管王阳明进行儿童教育的目的是灌输封建伦理道德,但是他要求顺应儿童的性情,依据儿童的接受能力施教的思想是正确的。教育儿童,一定要留有余地,不能贪多求快,这样他们就不会因学习艰苦而厌学,而乐于接受教育。

[范例] "凡授书不在徒多,但贵精熟。"五百多年前王阳明先生的真知灼见,在今天仍然振聋发聩。

103-04 身教胜于言教。

[出处] 清代·魏源《默觚》。

[释义] 以身作则比泛泛空谈地教育人更有效。

[赏析] 这句话强调了以身作则、率先垂范的重要性。

[范例] "身教胜于言教",家长要当好孩子的第一任老师,以身作则、率先垂范,让孩子去模仿、去学习。

104 工作

> 工欲善其事，必先利其器。 104-01

出处 《论语》。

释义 工匠想要使他的工作做好，一定要先让工具锋利。

赏析 这两句诗比喻要做好一件事，准备工作非常重要。要想取得最后的成功，必须具备一定的客观条件，同时也要先进行筹划和安排，这样才能稳步把事情做好。

范例 不管做什么事情，都要提前做好充足的准备，到时候才不会手忙脚乱。正所谓，"工欲善其事，必先利其器"。

> 论事易，作事难；作事易，成事难。 104-02

出处 宋代·苏轼《荐诚禅院五百罗汉记》。

释义 讨论事情容易，做好事情难；做事容易，做事成功难。论事：议论事情，讨论事情。

赏析 僧人应言"论必作，作必成"，苏轼在《荐诚禅院五百罗汉记》中称颂应言的这一美好品格，同时抨击了一些士人"论而不作""作而不成"的虚浮之风。要真做事，做成事，就要不图虚名，不玩虚招，有一种"论必作，作必成"的精神。

范例 目标任务明确以后，关键是狠抓落实。古语云："论事易，作事难；作事易，成事难。"难在哪儿？难就难在落实。

> 事到手，切莫急，便要缓缓想；想得时，切莫缓，便要急急行。

[出处] 明代·吕坤《呻吟语》。

[释义] 对于刚到手中的事情，不要急躁，而应当静下心，谨慎周密地思考斟酌；对于考虑成熟的事情，不要延缓，而应当下决心，果决迅速地着手实行。

[赏析] 这几句话是说做事不能急躁，要认真加以谋划，而一旦考虑成熟就不要再拖延，应抓紧时间赶快去做。冷静理智的人头脑清晰，思维镇定，不骄不躁，不慌不忙，一步一个脚印，这样的人往往更能保持初心，不走弯路，一步一个脚印，踏踏实实走向自己的梦想。

[范例] "事到手，切莫急，便要缓缓想；想得时，切莫缓，便要急急行。"古人的这句话真可谓金玉良言，需要我们好好品味和践行。

> 三百六十行，行行出状元。

[出处] 《增广贤文》。

[释义] 无论从事什么行业，都可以做出优异的成绩。三百六十行是旧时对各行各业的统称，也就是社会的工种。

[赏析] 这句谚语说的是，各行各业都有杰出的人才，无论从事什么行业，只要热爱本职工作、勤奋努力干事，都能做出优异的成绩。用以勉励人精通业务，巩固专业思想。

[范例] "三百六十行，行行出状元！"致敬每一个劳动者！致敬每一个平凡又用心的你！

受不得屈，做不得事。

104-05

[出处] 清代·申居郧《西岩赘语》。

[释义] 忍受不了屈辱的生活，就成就不了伟大的事业。

[赏析] 一个人在职业生涯中，受到委屈是很正常的事。因为人都喜欢听好话，所以听不好的话的时候，就感觉很不舒服，感觉自己受了委屈。其实，人生在世，注定要受许多委屈。而一个人越是成功，他所遭受的委屈也越多。成大事者，大都是从艰难困苦中来。

[范例] 每一个成功的人，都曾咬着牙过一段无人问津的日子，"受不得屈，做不得事"，一个人经受不住莫大的委屈，就做不成大事。

不能爱哪行才干哪行，要干哪行爱哪行。

104-06

[作者] [英]丘吉尔。

[赏析] 年轻人常犯的一个错误，便是爱哪行，才干哪行，结果，就随着兴趣，不断换工作，以至于很长时间内都没有一个稳定的工作，也不知道自己适合干什么。丘吉尔这句名言说得好，要干哪行爱哪行。哪怕这一行，自己不喜欢，也克制自己去喜欢，坚持下去，你会发现其中的乐趣。实际上，每一种工作都蕴藏着无穷的乐趣，只是有些人三心二意没有用心去发掘。

[范例] 再光鲜的工作也不能只靠兴趣去维持，再平凡的工作也需要用心来坚守。丘吉尔说得很好，"不能爱哪行才干哪行，要干哪行爱哪行"。

105 勤奋

105-01

少年辛苦终身事，莫向光阴惰寸功。

[出处] 唐代·杜荀鹤《题弟侄书堂》。

[释义] 少年时期勤奋努力，会为一生事业扎下扎实的基础，岁月匆匆，不要在懒惰中浪费时间。

[赏析] 这两句诗既是作者对弟侄的勉励，也是长者的人生感悟，情味恳直，旨意深切。一寸光阴一寸金，时间是人的生命尺度，其宝贵程度不言而喻。青春年少是人一生中最美的年华，也是打基础的关键阶段，更应该珍惜时光，把握好当下，为未来筑路。

[范例] "少年辛苦终身事，莫向光阴惰寸功"，我们广大少年儿童要珍惜少年时光，勤奋学习，勇攀科学高峰。

105-02

一勤天下无难事。

[出处] 清代·钱德苍《解人颐·勤懒歌》。

[释义] 勤奋的人没有闯不过的难关。

[赏析] "一勤天下无难事，一懒世间万事休。"懒惰会消磨人的意志，消耗人的时间。欲成大事，就要战胜自己的懒惰，让"勤"成为人生的主调。以勤治懒，以勤治庸，每天积极主动一点，勤快一点，同时还需要坚持不懈，也许你的人生将会从此发生巨大的改变。

[范例] "一勤天下无难事。"所有的一鸣惊人，其实都是厚积薄发。

106 创新

> 苟利于民,不必法古;必害于事,不可循旧。

出处 北齐·刘昼《刘子》。

释义 如果对人有利,不一定非按古时的办法去做;如果肯定对事情有危害,就不要遵循旧的章法。苟:如果。法古:奉用前人的做法。循旧:遵行旧法。

赏析 这条金句说明为政要以于事有利为标准,不必恪守前人的做法。

范例 "苟利于民,不必法古;必害于事,不可循旧。"移风易俗吹散陈规旧习是一场攻坚战,我们要在实干中创新,在创新中实干,摸索出适合自身的好办法才是治本之策。

> 天变不足畏,祖宗不足法,人言不足恤。

出处 《宋史·王安石列传》。

释义 天象的变化不必畏惧,祖宗的规矩不一定效法,人们的议论也不需要担心。

赏析 北宋的王安石是我国历史上著名的改革家。为了推行自己的改革主张,他强调要在思想上破除当时人的守旧心理,提出

"天变不足畏，祖宗不足法，人言不足恤"。因孔子要求君子有三畏：畏天命，畏大人，畏圣人之言。"三不足"则完全违背了这一基础，被视为大逆不道。也正因如此，"三不足"表现出王安石变法的巨大勇气，成为许多改革者自我激励的豪言壮语。

[范例] 王安石是一代改革家，我们要学习他"眼界开阔、思维超前"的洞察能力，"天变不足畏，祖宗不足法，人言不足恤"的改革精神，"一往无前，虽千万人吾往矣"的坚决意志。

I06-03 但开风气不为师。

[出处] 清代·龚自珍《己亥杂诗》。

[释义] 我只以言论和文章来开启一代风气，却不会招收弟子当老师。不为师：指作者"生平不蓄门弟子"，作者当时这样做是不想招来被攻击的口实。

[赏析] "但开风气不为师"这是龚自珍的名句，用以形容愿开风气之先却不想为人之师的谦逊态度，常用来赞美那些开创时代风气的人，能够引导社会走进一个更新更美的境界。

[范例] 这位老教授学贯中西，著作等身，但他"但开风气不为师"，在年轻人跟前表现出辽阔的谦逊和襟怀。

J 人生智慧

J01 祸福

善除患者,理于未生。　　　　　　　　　　　　　J01-01

出处　周代·姜子牙《太公六韬》。

释义　善于消除祸患的人,懂得防患于未然。

赏析　祸患在未萌芽之时消除,更加容易。这条金句讲的就是人要有超前意识,超前意识是对未来的洞察和远见,是富有预见性的重要体现。

范例　"善除患者,理于未生",正视矛盾,预判风险是取得斗争胜利的关键。

安危相易,祸福相生。　　　　　　　　　　　　　J01-02

出处　《庄子》。

释义　平安与危难互相转化,灾祸与幸福互为因果。

赏析　安与危、福与祸不仅是相互依存的,也是可以相互转化的。辩证法的妙处,不仅是让人能够正确地认识事物的发展变化,而且是让人能够保持平常心,祸来不忧,福至不喜。

范例　庄子说:"安危相易,祸福相生。"不论做什么事情,都要懂得居安思危,凡事未雨绸缪,做到谋定而后生,才能更好地规划未来，立于不败之地。

J01-03　福在积善，祸在积恶。

- **出处**　秦代·黄石公《素书》。
- **释义**　福分在于积累善行，祸害在于积累恶行。
- **赏析**　为官者积善对民众有利，民众自然欢喜拥戴，自己也就福在其中。积恶就会侵害民众的利益，民众自然视为寇仇，灾祸必然降临头上。善恶在己所为，福祸由众而定。这是为人、从政首先要明白的道理。
- **范例**　"福在积善，祸在积恶。"有德之人，播下了爱的良种，施恩惠于他人，必然会受到他人的爱戴和尊敬。

J01-04　福无双至犹难舍，祸不单行却是真。

- **出处**　元代·高明《琵琶记》。
- **释义**　幸运的事不会连续到来，灾祸降临却往往不止一次。也作"福无双降，祸不单行"。
- **赏析**　福气连续降临，需要自身的努力和天时的配合，是一件概率较小的事情。反之，灾难却是截然相反的情况。人在遭遇灾难后，容易自乱分寸，闯下弥天大错，继而引起一系列的灾难效应。更何况由于心理脆弱的主观原因，一点小麻烦都可能被认为是天大的灾难，自然有祸不单行的错觉。因此，需要保持一颗平常心，平淡地接受生活中的福气和灾难。
- **范例**　"福无双至犹难舍，祸不单行却是真。"最近的一场地震，令这个伤痕累累的国家又添新伤。

J02 时机

见机而作,不俟终日。   J02-01

[出处] 《周易》。

[释义] 发觉有利的动向就马上行动,等不得一天过完。俟:等待。

[赏析] 这句话指看到时机就立即行动,不可迟延。强调了时机要抓紧,要急抓,否则,就可能会陷入被动。

[范例] 有许多事情,成败就取决于一瞬间。谁赢得了时间,谁就赢得了胜利。因此,"见机而作,不俟终日",应该成为我们的座右铭。(摘自赵连成《时效从何而来?》)

得时者昌,失时者亡。   J02-02

[出处] 战国·列御寇《列子》。

[释义] 顺应时代的潮流就会昌盛,背离时代的方向便会走向灭亡。

[赏析] 这句话用以说明客观的时势不可违背。时势代表着民心所向,体现着社会发展的大势。所以,能够及时把握住时代的脉搏,顺应着时代的潮流,其事业就会繁荣昌盛;而逆时代潮流而动,就会自取灭亡。这两句能从时代的大势看问题,显得眼界阔大,也很有社会学的观念,多用于告诫人们要顺乎时代潮流而动。

[范例] 抢机遇,就是把握有利的境遇和时机。"春种一粒粟,秋收万颗子",表现的是把握农时机遇对庄稼丰收的重要

性;"见利不失,遇时不疑",强调的是把握时机对战争胜利的重要性;"时来天地皆同力,运去英雄不自由",彰显的是把握机遇对成就个人的重要性;"得时者昌,失时者亡",凸显的是把握时势机遇对国家民族兴盛的重要性。

J02-03　蛟龙得云雨,终非池中物。

[出处] 西晋·陈寿《三国志·吴志·周瑜传》。

[释义] 蛟龙得到云和雨,就会飞腾上天,终究不会待在池中。蛟龙:传说中的一种神龙。池中物:池中的各种水族,比喻无能之辈。

[赏析] 这两句话比喻有才能的人一旦遇到机会,就会充分施展才华,大展宏图。

[范例] "蛟龙得云雨,终非池中物。"每个人都是独一无二的,要相信自己,只要走对了路,自己很可能就是那颗最亮的星星,任何时候都不能妄自菲薄。

J02-04　时来天地皆同力,运去英雄不自由。

[出处] 唐代·罗隐《筹笔驿》。

[释义] 有时机和时势到来时,连天地都给人帮助,反之英雄也没有自由发挥的空间。

[赏析] 《筹笔驿》是一首怀古诗。"时来天地皆同力,运去英雄不自由"两句讲赤壁之战,当时孙权、刘备两家的兵力,联合起

来也不能与曹操大军相比。只是倚靠了长江之险，曹操北方的军队不习水战。又靠了东风，好用火攻来烧毁曹军的战船取胜，这是利用天时地利来获胜，所以说"天地皆同力"。而将帅凋零、时运不济时，即使如诸葛亮般的英雄也不由自主，难以获得北伐的成功。

[范例] "时来天地皆同力，运去英雄不自由。"人的一生，总有走运的时候，也有倒霉的时候。巅峰和低谷，都是人生的一部分，都要坦然去面对。

晴干不肯走，直待雨淋头。

J02-05

[出处] 明代·冯梦龙《喻世明言》。

[释义] 大晴天不出门，直等到雨天出门淋湿了头。

[赏析] 这句俗语教人做事要看时机，否则会招来麻烦或灾祸。也比喻平时不肯做准备，事到临头再行动就已经迟了。

[范例] 条件有利于我们的时候，迟迟不肯行动，等到时机不利我们的时候，才想到去做。这时，就只能是狼狈不堪，事倍功半。俗语"晴天不肯去，直待雨淋头"说的正是这种情况。

J03 贫富

J03-01 贫而无谄，富而无骄。

出处 《论语》。

释义 虽贫穷不谄谀，虽富贵不骄奢。谄：谄媚，巴结，奉承。

赏析 穷人应该自尊，富人应该自爱。自尊而后才能自立，自爱而后才能爱人。

范例 "贫而无谄，富而无骄。"节俭朴素，力戒奢靡，是中华民族的传统美德。

J03-02 富贵不能淫，贫贱不能移，威武不能屈。

出处 《孟子》。

释义 财富地位不能使其迷惑腐化，贫苦穷困不能改变其志向，权势武力不能使其屈服变节。

赏析 在古人的心中，一个有德之人，必定也是个能正确对待富贵、贫贱的人。只有正确地认识富与贵的意义，审慎地看待贫与贱的磨砺，合理地处理威与武的考验，这才是君子应该具有的素质。

范例 苏武十九年的忠贞不渝，为我们塑造了一个"富贵不能淫，贫贱不能移，威武不能屈"的志士光辉形象，他是可敬的。

宁可清贫自乐，不可浊富多忧。

[出处] 宋代·释道原《景德传灯录》。

[释义] 宁可过着清贫的快乐生活，也不要取不义之财忧愁度日。

[赏析] 句中的"清"和"浊"是相对的。追求富足是人们共同的心愿。但如何实现这个愿望，则有多种途径。依靠诚实的劳动应该是最基本的途径，即使短时间内不能致富，内心也会因为坚守志向、奉行自己信仰的道德准则而安贫乐道；而另外的途径则是通过"浊富"来实现自己的目标，譬如作奸犯科，贪污受贿，尽管他们物质上富有了，但在精神上却背上了违背道德和违反法律的枷锁，如坐针毡，度日如年。所以，在这里，"清贫"二字不只是物质上的清苦，更是一种生活方式和坚强的人格形象。

[范例] "宁可清贫自乐，不可浊富多忧。"生命是短暂的，欲望是无限的，人要学会知足常乐，保持内心的宁静。

贫不足羞，可羞是贫而无志。

[出处] 明代·吕坤《呻吟语》。

[释义] 贫穷并不可羞，可羞的是贫穷而又没有志气。

[赏析] 贫穷，只是人的一种生活状态，并不能和耻辱画等号。古人说："穷且益坚，不坠青云之志。"一个人在困境之中，只要不妥协，不放弃，自强不息，迎难而上，就一定能改变境遇，获得成功；而一切意志上的消沉和行为上的自暴自弃，不仅不能改变现状，还会招来更大的失败和耻辱。

[范例] "贫不足羞,可羞是贫而无志。"人生无志,则没有改造自我的责任担当,则无以自觉掌握自己的命运。

J03-05 贫居闹市无人问,富在深山有远亲。

[出处] 《增广贤文》。

[释义] 穷人住在闹市也无人理睬,富人住在深山也有人奉承。

[赏析] 自古以来,嫌贫爱富最能体现人情世故。知世故而不世故,明世俗而不受世俗浸染,才是真正的成熟。

[范例] "贫居闹市无人问,富在深山有远亲",这是势利者的真实写照。对有钱有财、有权有势者百般趋奉、卑躬屈膝,反之则轻视疏离,乃势利者的通病。

J03-06 人生莫受老来贫。

[出处] 清代·曹雪芹《红楼梦》。

[释义] 人生在世,千万不要遭受年老时的贫困。

[赏析] 人在年老体衰的时候,什么都干不了,如果再贫困交加,日子就没法过了。所以说年轻有福,不算有福,晚年有福,才是真正有福。年轻的时候,精力充沛,应该珍惜光阴,多多积福,不要贪图享受,好逸恶劳。

[范例] "人生莫受老来贫",这一人生格言说明"老来贫"是人生一大哀事。

J04　成败

事之成败，必由小生。　　　　　　　　　　　　　　J04-01

[出处]《淮南子》。

[释义] 事情的成功还是失败，都是从小处开始的。

[赏析] 有人认为，只要固守大节，微小渐变难成气候。这也有失偏颇。要知道，"事之成败，必由小生"。小毛病、小动作、小心眼、小勾当、小贪心，如此等等，不起眼的东西最容易被忽视，或自我谅解，最终将滑向泥潭。

[范例] "事之成败，必由小生。"要想获得成功，就应该事事从小处着手，要知道细节决定成败！

计疑无定事，事疑无成功。　　　　　　　　　　　　J04-02

[出处] 三国·诸葛亮《便宜十六策·察疑》。

[释义] 谋划的时候疑虑重重，就无法决定事情；做事的时候疑虑重重，就无法取得成功。

[赏析] 做事最忌优柔寡断。瞻前顾后，犹豫不决，往往错失机会，有的人甚至在做完决定之后又返过头来怀疑决定的正确性，反反复复，当断不断。合理的怀疑是必要的，但一味地怀疑只会扰乱心智，打击自信心，最终让自己无法实现目标。

[范例] "计疑无定事，事疑无成功。"做事要当机立断，敢于负责，如果事事怀疑，瞻前顾后，只能惨淡收场，一事无成。

J04-03　丈夫贵不挠，成败何足论。

出处　宋代·陆游《入瞿塘登白帝庙》。

释义　大丈夫最可贵的是百折不挠，事情最后成功与否哪值得老是挂念在心？挠：弯曲，喻屈服。论：考虑，理会。

赏析　做事情应当扎扎实实，坚持不懈，不必计较眼前一时的成败。只要有一份永恒的乐观和坚韧，磨难所带来的痛苦充其量也不过使人难过一下，过后反而让人变得更加强大。

范例　"丈夫贵不挠，成败何足论。"虽然这次比赛我们输了，但是我们大家不要气馁，要正视差距、弥补短板，把这场比赛当作一次历练，用下一场比赛证明自己。

J04-04　早成者未必有成，晚达者未必不达。

出处　明代·冯梦龙《警世通言》。

释义　早成熟的人不一定有成就，晚通达的人不一定不显达。

赏析　这是一个充满着辩证色彩的俗语，成事不在早晚，只要持之以恒。

范例　"早成者未必有成，晚成者未必不达。"我喜欢通过一点努力慢慢取得进步的感觉。就像爬山一样，随着离山顶的距离越来越近，风景越来越美，心情也越来越舒畅。

揭示 社会法则

K—O

天若有情天亦老,人间正道是沧桑。

——毛泽东

K 政治

K01 治国

治天下之要,存乎除奸;除奸之要,存乎治官。

K01-01

- **出处** 《吕氏春秋》。
- **释义** 治理天下的关键在于除掉奸邪,除掉奸邪的关键在于治理官吏。
- **赏析** 这里推论了治天下、除奸、治官之间的逻辑关系,强调了治理、监督管理对治国的重要性。
- **范例** "官吏是治国之要,察吏是治国之本"是历代政治思想家的共识。《吕氏春秋》中也说:"治天下之要,存乎除奸;除奸之要,存乎治官。"

得道者多助,失道者寡助。

K01-02

- **出处** 《孟子》。
- **释义** 站在正义、仁义方面,会得到多数人的支持帮助;违背道义、仁义,必然陷于孤立。
- **赏析** 孟子认为,"得道"就是实行仁政德政,主持公道,伸张正义，直道而行，以德服人。而不是靠小恩小惠笼络人心，或靠权术计谋收服部众。孟子提出的"得道者多助，失道者寡助"这一千古名言，确立了政治学、社会学和军事学上的重要法则，令人赞叹。事实上，大到治理国家，小到处理企业、单位日常事务，人心的向背都是至关重要的。

范例 "得道者多助，失道者寡助。"这是一个亘古不变的真理。我们应当品行端正、正直善良、真诚守信、严于律己，清清白白做人，踏踏实实做事。

K01-03 备豫不虞，为国常道。

出处 唐代·吴兢《贞观政要》。

释义 事先防备意外之事，是治理国家的常道。备豫：事先防备。不虞：意料不到的事情。

赏析 一个国家要想长治久安，就必须在平日时时预防着意外事件的发生，以免遇到灾害、战乱时无法应付，危及国家民族。

范例 食为政首，谷为民命；悠悠万事，吃饭为大。备豫不虞，为国常道。

K01-04 人之寿夭在元气，国之长短在风俗。

出处 宋代·苏轼《上神宗皇帝书》。

释义 人的寿命长短，在于元气是否充实；国家的兴衰，在于风俗是否淳厚。夭：短命。元气：人的精神、精气。

赏析 社会风俗就像人的元气一样重要。一个国家的盛衰兴亡与民风民俗的关系至为密切。

范例 宋朝的大贤苏轼曾说:"人之寿夭在元气,国之长短在风俗。"一个地方,一个民族,一个国家,如果失去了信义、道义和仁义,不能养成淳厚的民风和国风,对国家社会的危害是非常巨大的。

官多则乱,将多则败。

K01-05

出处 清代·顾炎武《日知录》。

释义 官僚多了会造成混乱,将军多了会导致战败。

赏析 历代政治危机形成的原因,大都包括官吏人数过多的问题。冗官,造成民众过于沉重的负担,也导致行政运行效率的降低,往往也成为危害社会安定的隐患。唐代名臣刘晏曾经指出"官多则民扰"的规律。明清之际的大思想家顾炎武,本人没有什么做官的经历,但是凭着对政治史的熟悉,凭着对历代官制带有规律性的现象的深刻思考,提出"官多则乱,将多则败"的见解也很了不起。

范例 顾炎武有言:"官多则乱,将多则败。"这是一个非常重要的道理。它提醒我们,机构设置和人员配备一定要符合实际需要,避免人员过多、机构臃肿和重复浪费,以保持组织管理的效率和社会的稳定。

K02 纳言

K02-01 为川者决之使导,为民者宣之使言。

- **出处** 《国语·周语上》。
- **释义** 治理河道,要用疏导的办法使其通畅;治理百姓,要引导百姓使其敢言。
- **赏析** 西周时召公谏厉王止谤时论述了"导民使言"的治国方略,召公将被压抑的民意比作决堤的河水,因此必须打通渠道引导民意合理地表达,避免社会矛盾的激化。
- **范例** "为川者决之使导,为民者宣之使言。"昭示我们要正确处理"堵"与"疏"的关系,一切按客观规律办事,才能行事而不悖。

K02-02 听言不可不察,不察则善不善不分。

- **出处** 战国·吕不韦《吕氏春秋·听言》。
- **释义** 听话不可不详细考察。不详细考察,善与不善就分不清了。
- **赏析** 为了准确地理解和把握对方的说话意图,必须对对方的言辞作出仔细的分析,进行理性的思考。在现实生活中,我们不但要认真地听取别人的发言,而且要分析和辨别所听之言,甚至要进一步地听出"弦外之音",才能明辨是非、区分善恶,从而作出正确的判断。
- **范例** "听言不可不察,不察则善不善不分。"从古至今,人类一直为谣言困扰，所以，我们一定要提高警惕，避免上当。

开敢谏之路，纳逆己之言。

K02-03

出处 西晋·傅玄《傅子·通志》。

释义 开辟敢于直言规劝的渠道，采纳与自己意见不合的言论。

赏析 傅玄是魏晋时期的政治家，他认为，国家要想长治久安，贤明之君应广开纳谏之路，即使臣下的话不完全正确，但只要是为国家考虑，就应耐心听取，如果不听直言，就会耳目闭塞，阿谀逢迎者也会乘机而起，那才是亡国的开端。

范例 "开敢谏之路，纳逆己之言"，这是一个领导者应当具备的美德和胸襟。

供给人们的甜食已经够多了，他们的胃因此得了病：这就需要苦口的良药和逆耳的忠言。

K02-04

出处 [俄]莱蒙托夫《当代英雄》。

赏析 好听的话可以让人高兴一时，但是听多了往往蒙蔽一个人的心智。就像人的胃不能只吃甜食一样，人也不能只听甜言蜜语，要能听进去不同的意见。

范例 "供给人们的甜食已经够多了，他们的胃因此得了病：这就需要苦口的良药和逆耳的忠言。"俄国作家莱蒙托夫这句话告诫我们，不要拒绝逆耳忠言。

K03 安民

K03-01 苛政猛于虎。

[出处] 《礼记》。

[释义] 苛刻的统治比老虎还要凶猛可怕。苛政：指统治阶级对百姓进行残酷压迫剥削的统治，包括政令、赋税等。于：比。

[赏析] 孔子经过泰山旁边，有个妇人在坟前哭得很悲伤。孔子让子路去问明原因。妇人说，她的公公、丈夫以前被老虎吃了，今天儿子又被老虎吃了。孔子问她，为什么不早些离开呢？妇人回答，因为这里没有苛政。孔子对门人说："小子识之，苛政猛于虎也。"意思说繁苛的政令和赋税比老虎还要凶暴可怕。这个故事深刻揭露了严苛的赋税对人民的残害。

[范例] 在漫长的封建年代里，每朝每代都有"苛政猛于虎"的现象。

K03-02 德惟善政，政在养民。

[出处] 《尚书》。

[释义] 仁德之政才是最好的政治，好的政治在于使百姓生活得更好。

[赏析] 德治是《尚书》的基本思想之一。《尚书》不仅提出了德治的主张而且赋予这一主张许多实实在在的内容。"政在养民"，使人民能过上富裕安康的日子，就是其中诸多主张的核心内容。

[范例] "德惟善政，政在养民。"一个社会文明与否，不在于物质财富有多么涌流，而在于百姓是否得到了善待。

政之所兴，在顺民心；政之所废，在逆民心。

K03-03

[出处] 《管子》。

[释义] 政权之所以能兴盛，在于顺应民心；政权之所以废弛，在于违逆民心。

[赏析] 在中国古代的政统里，天下从来不是一家一姓永久拥有的，而是"有德者居之"。判断政权是否"有德"的标准，即在于人民是否安居乐业。先秦时代，管仲已经意识到，政权要稳定长久，就必须推行顺乎民心的政策。在今天，要做到这一点，首先要做的，是了解"民心"在想什么。老百姓有什么困难、什么需求，这是要深入基层调研、走访才能知道的。

[范例] "政之所兴，在顺民心；政之所废，在逆民心。"一个政权，其前途命运最终取决于人心向背。

凡治国之道，必先富民。民富则易治也，民贫则难治也。

K03-04

[出处] 《管子》。

[释义] 治理国家的大道，一定要先让老百姓富裕起来，百姓富裕了就容易治理，百姓贫穷就难以治理。

赏析 春秋早期的政治家管仲指出：执政治国的根本之道，在于富民。人民富裕了，执政的基础才能稳固，人民贫苦不堪，饥寒交迫，流离失所，怎么会听从君主的号令？君主要采取措施保证百姓有足够的时间从事农耕，生产粮食。人民过上了衣食温饱、富裕安康的生活，就会安居乐业，既便于国家对人民的管理，又可进一步使生产获得发展。人民生活富裕，就听得进仁义道德的教化，不轻易犯罪，有利于社会秩序的安定。所以说发展生产，使人民富裕，是国泰民安的有效措施。

范例 管仲提出："凡治国之道，必先富民，民富则易治也，民贫则难治也。"明太祖朱元璋曾言："民富则亲，民穷则离。民之贫富，国家休戚系焉。"利民富民这一民本思想，在古代思想家、政治家中有着广泛的思想基础和认同，对中国文明的发展有着积极影响。

K03-05　民怨则国危。

出处 《韩非子》。

释义 民众有怨恨，国家就危险了。

赏析 国家施政有缺失会导致百姓生活困难，百姓生活困难自然心中有怨恨，心中有怨恨怎么会真心听从政府的号令呢？所以国家就危险了。而一旦到了民怨沸腾的地步，政权就有被推翻的危险。历史上，胡乱施政、不顾百姓死活的朝廷最终会在民众的反抗声中走向毁灭。

范例 "民怨则国危"，任何一个负责任的政府，都要注意倾听群众呼声，了解群众意愿，真抓实干，解民忧、纾民怨、暖民心，只有这样，社会才能安定，百姓才能安居乐业。

民为贵，社稷次之，君为轻。

K03-06

出处 《孟子》。

释义 百姓最为重要，代表国家的土神谷神其次，国君为轻。社稷：指国家。古代帝王或诸侯建国时，都要立坛祭祀"社""稷"，所以，"社稷"又作为国家的代称。社：土神。稷：谷神。

赏析 把人民放在第一位，国家在其次，国君放在最后，这是孟子"仁政"学说中的一个重要思想。因为有了人民，才能建立国家，有了国家，才能有国家的"君"。"民贵君轻"也成为后世广泛流传的名言。

范例 "江山就是人民，人民就是江山"作为一种执政理念和中国传统文化思想"民为贵，社稷次之，君为轻"有一致性。

敬贤如大宾，爱民如赤子。

K03-07

出处 东汉·班固《汉书·路温舒传》。

释义 敬重贤人如同对待贵宾一样，关爱百姓如同关爱初生的婴儿。大宾：古多指君王的宾客，这里指"贵宾"。赤子：初生的婴儿。

赏析 这句话是西汉路温舒提出的要求统治者"尚德"的话。

范例 执政者"敬贤如大宾，爱民如赤子"，真正做到唯贤是举，善用人才，体恤民情，关爱百姓，就一定会得到百姓的衷心拥护。

K04 用人

K04-01 贤者用之则天下治，不肖者用之则天下乱。

出处 《韩非子》。

释义 贤能的人被任用，则天下大治；品行不好的人被任用，则天下大乱。贤者：贤能的人。不肖：品行不好的人。

赏析 韩非子把选择恰当的人来处理政事作为国家存亡的关键，将是否用贤提升到关系国家命运的高度。不过，他主张用贤，却更重视对官吏的监控，在韩非看来，只有官吏的行为受到监督，树立廉政的理念，国家才能兴旺发达，人民才能安居乐业。

范例 用人是门学问，会不会用人对于执政者来说关系重大，正所谓，"贤者用之则天下治，不肖者用之则天下乱"。

K04-02 为政在于得人。

出处 《孔子家语》。

释义 治理国家重要的在于能够得到人才。

赏析 这句经典指出了人才对于治国经邦的重要性。古往今来，人才都是一个国家不可或缺的重要资源，是执政者们努力争取的宝贵财富。在当下，人才更是一个国家综合国力的重要指标。

范例 "为政在于得人",唯有把人才选拔出来,把人才用好,我们的事业才能兴旺发达、长治久安。

世有伯乐,然后有千里马。千里马常有,而伯乐不常有。

K04-03

出处 唐代·韩愈《马说》。

释义 世上先有伯乐,然后有千里马。千里马经常有,但是伯乐不常有。伯乐:名孙阳,春秋时人,善相马。

赏析 这两句是说,有千里马而无识马的伯乐,千里马会被埋没。比喻有识才的人,然后大才才得以任用,否则大才也埋没一生。

范例 "世有伯乐,然后有千里马。千里马常有,而伯乐不常有。"伯乐的难得在于他们拥有独特的眼光和敏锐的洞察力,能够发现人才,并帮助其成长和发展。

求士莫求全,用人如用木。

K04-04

出处 清代·程登吉《幼学琼林》。

释义 寻求人才不要求十全十美,用人就如同匠人使用木材一样。

赏析 木材的长短、粗细、曲直、质理疏密等各不相同,匠人根据不同木材的不同特点安排其用途,做到材尽其用。用人也应像用木一样,根据各个人的特长给以任用,倘若求全则无人可用。这两句用以说明对人不可求全,应取长弃短。

范例 《幼学琼林》里有名句:"求士莫求全,用人如用木。"人无完人,人才也是人,肯定也有长有短,即便是诸葛亮也有错用马谡的过失。所以,用人切不可求全责备。

K04-05 我劝天公重抖擞,不拘一格降人才。

出处 清代·龚自珍《己亥杂诗》。

释义 我奉劝上天要重新振作精神,不要拘泥一定规格以降下更多的人才。

赏析 这两句诗表现了诗人渴望砸烂黑暗统治,出现一个崭新世界的愿望。"不拘一格",充分表现了诗人开阔的胸怀,远大的目光,具有战略性的设想。当时的清政府,腐朽无能,内忧外患,要拯救暴风中破船似的中国,非有各方面的大批人才不可,所以诗人劝天公重新振作精神,不拘一格而降大批人才,挽救时局。"劝"字,颇具积极意义。他是奉劝,而不是乞求,显示出诗人变革的信心。

范例 "我劝天公重抖擞,不拘一格降人才。"未来总是属于年轻人的。拥有一大批创新型青年人才,是国家创新活力之所在,也是科技发展希望之所在。

K05 改革

穷则变，变则通，通则久。　　　　　　　　　　　　K05-01

出处　《周易》。

释义　事物到了山穷水尽的地步就必然有所变化，变化则能通达，能通达则能恒久。

赏析　这句话道出了一个颠扑不破的真理：世间万物，均有一个发生、发展和衰落的过程，到衰落阶段时，就必须寻求变化以谋出路。如果一味因循守旧而不思改变，就只能画地为牢、坐以待毙；反之，若能顺应变化做出相应的调整，则可能绝处逢生、化险为夷。成语"穷则思变"即由此而来。

范例　"穷则变，变则通，通则久"不仅是古人留下的智慧之言，它已经转化为治国理政的方略。

独辟蹊径才能创造出伟大的业绩，在街道上挤来挤去不会有所作为。　　　　　　　K05-02

出处　[英]威廉·布莱克《格言诗集》。

赏析　这句话说明了创新和独立思考的重要性。在人类社会中，每个人都受到环境和其他人的影响，但这种影响可能导致人们盲目跟随他人，放弃自己的想法。而那些能够独立思考并创新的人则更容易开辟出新的道路，发现新的机会，从而取得伟大的成就。

范例　国家也好，企业也罢，唯有创新，才能突破，唯有改革，才能进步。正如英国诗人布莱克所说："独辟蹊径才能创造出伟大的业绩，在街道上挤来挤去不会有所作为。"

K06 法度

K06-01 法度行则国治，私意行则国乱。

出处　《管子》。

释义　法令制度能够推行，国家就能得到治理；私人意志通行，国家就会发生祸乱。行：推行，通行。私意：私心。

赏析　这句话指执政最忌以权代法，国家的安定必须以公正执法为保障。

范例　"法度行则国治，私意行则国乱。"法律制订得再好，还是要靠人来执行。执法人员的素质如何，直接影响着法律能否很好地贯彻执行。

K06-02 家有常业，虽饥不饿；国有常法，虽危不亡。

出处　《韩非子》。

释义　家中有固定的产业，即使碰到荒年也不致挨饿；国家有稳定的法度，即使遇到危难也不致灭亡。

赏析　这条金句强调了建立完备的法律制度对于保证国家长治久安的重要意义。国不可一日无法。中国是一个具有辉煌法制文明历史的国家，在漫长的发展过程中经历了多次沧桑巨变，但始终保持着国家发展的稳定性、连续性，并且不断走向文明与进步。

| 范例 | "家有常业，虽饥不饿；国有常法，虽危不亡。"法律是治国之重器，良法是善治之前提。我们青少年应该从小树立法治意识，学法、守法、用法。

令必行，禁必止。

| 出处 | 《韩非子》。
| 释义 | 命令必须执行，有禁令必须停止。
| 赏析 | "令必行，禁必止"这句话和"言必信，行必果"有异曲同工之妙，突出了执行制度和法令的坚决性和彻底性。要知道，制度的生命力就在于实施，在于执行，再好的制度，如果没有执行力，也往往流于形式，成为摆设。
| 范例 | 战场上首要的就是听号令，有令必行，有禁必止。

令苛则不听，禁多则不行。

| 出处 | 《吕氏春秋》。
| 释义 | 法令过于苛酷，百姓就不听从；禁令太多，就实行不通。
| 赏析 | 这段话说明法令不宜于过于烦琐苛刻，否则会适得其反，无法获得百姓的认同，最终也无法顺利实行。
| 范例 | 规矩法令的制定不能想当然，自以为是，要根据实际情况来制订，要知道"令苛则不听，禁多则不行"。

K06-05　法不察民之情而立之，则不成。

出处　《商君书》。

释义　不考察民众的具体情况便设立法律，是不会成功的。

赏析　这句话指出民情是立法的重要依据。马克思也说过："只有当法律是人民意志的自觉表现，因而是同人民的意志一起产生并由人民的意志所创立的时候，才会有确实的把握。"

范例　古人早已看到，"法不察民之情而立之，则不成"。以民为本、立法为民，确立了立法的价值取向，要求立法必须为了人民、依靠人民、造福人民、保护人民。

K06-06　法出多门，人无所措。

出处　唐代·刘去华《对贤良方正直言极谏策》。

释义　各部门各自为政，自立法制，使法令不能统一，让人无法执行。

赏析　这句话指法令集中统一，人们才好执行，否则人们都不知道到底要依照哪个部门的法令去做。

范例　法令的制订和实行必须是一致的，我们不希望看到"法出多门，人无所措"的局面。

K07 兴衰

不义而强，其毙必速。　　　　　　　　　　K07-01

出处　《左传》。

释义　违背道义而能强盛的国家，一定很快的趋于败亡。

赏析　强盛一定要基于道义，才近正道。此说引申于个人和社会，亦同其义。

范例　"不义而强，其毙必速。"一个国家的兴衰成败最重要的是道义，如果一个国家为了追求自己的利益不择手段，那么这个国家必然会走向衰败。

以日治者王，以夜治者强，以宿治者削。　　K07-02

出处　《商君书·去强》。

释义　在当日就能处理好政务的国家，称王于天下；要推迟到晚上才能处理好政务的国家，起码是个强国；如果当天的政务延迟到第二天才处理好，那么这个国家就会越来越削弱。

赏析　商鞅意识到一点：办事效率决定一个国家的强弱。当日事当日毕，不只是一个人应该做到的，也应该是一个国家应该做到的。

范例　"以日治者王，以夜治者强，以宿治者削。"一个人要想有所成就，也必须养成利落高效的行为习惯，切不可含糊拖沓，荒废时光。

K08 赏罚

K08-01 用赏者贵信，用罚者贵必。

- **出处** 周朝·姜子牙《太公六韬》。
- **释义** 奖赏贵在守信，惩罚贵在坚决执行。
- **赏析** 这句话说明赏罚必须公正严明，不可随意变通。
- **范例** "用赏者贵信，用罚者贵必。"因为管理者无法知道所有发生的事，所以必须借助赏罚来提倡和禁止。

K08-02 不因怒以诛，不因喜以赏。

- **出处** 周朝·姜子牙《太公六韬》。
- **释义** 不因为一时的愤怒就随意惩罚，也不因为一时的喜悦就随意奖赏。加：施加。
- **赏析** 这句话表明执法不能凭感情用事，务必要依法办事、按功过的客观事实行赏施罚。
- **范例** "不因怒以诛，不因喜以赏。"奖惩不应因个人的喜怒而变化不定，而是应该有一定的标准。

诛不避贵，赏不遗贱。

出处 《晏子春秋》。

释义 惩罚不因为是显贵的人就躲避开，奖赏不因为是地位低贱的人就遗漏掉。诛：谴责处罚。贵：禄位高的人。

赏析 这句话表明奖罚不因人而异，而要因事而宜，赏罚公正，不分人的等级，做到法律、制度面前人人平等。

范例 古人尚讲"诛不避贵，赏不遗贱"，我们作为一个民主法治社会，对那些触犯法律的害群之马，更是不能网开一面。

小功不赏，则大功不立。

出处 秦代·黄石公《素书》。

释义 小的功劳不给予奖赏，那么就没有人愿意立大功了。

赏析 赏罚是管理的利器。赏罚分明，合理激励，是管理学的重要思想。赏赐是为了起到鼓励的作用，即使是小功，也要及时予以反馈，否则没人愿意出力，别人也就失去建立大功劳的动力。

范例 "小功不赏，则大功不立。"小功小赏催人奋进，小功不赏则制约人成长。

> 峻法严刑，非帝王之隆业；有罚无恕，非怀远之弘规。

K08-05

[出处] 西晋·陈寿《三国志·陆逊传》。

[释义] 苛法酷刑，不是帝王隆盛的功业；只有惩罚而无宽恕之心，不是胸怀大志的宏策良谋。峻法：严厉的法律。严刑：严酷的刑罚。隆业：盛大的功业。恕：宽大，宽免。怀远：使远人感怀，指招徕远人。弘规：伟大的规则。

[赏析] 治国安邦当然离不开法制，但是用法与用恕要配合进行，即要宽猛相济，既要严厉惩罚作奸犯科之辈，又宽恕可以教育得好的人。

[范例] 作为管理者应该懂得宽严相济的道理，不能一味地严刑峻法，三国时期的政治家陆逊就曾说："峻法严刑，非帝王之隆业；有罚无恕，非怀远之弘规。"

> 芳饵之下，必有悬鱼，重赏之下，必有死夫。

K08-06

[出处] 南朝宋·范晔《后汉书》。

[释义] 芳香的鱼饵下面肯定有上钩的大鱼，丰厚的奖赏下面肯定有不怕死的人。

[赏析] 赏罚分明被看作是世界上最伟大的管理原则之一，从而被人们不断地实践着。用重金奖赏，就会有勇于出来做事的人，所以管理者如果想调动人才的积极性，就不应该吝啬奖励。

[范例] 古人讲："芳饵之下，必有悬鱼，重赏之下，必有死夫。"

就是说，领导者只要给出的激励措施有足够的力度，再困难的事情也有人肯去做。

刑赏之本，在乎劝善而惩恶。

K08-07

出处 唐代·吴兢《贞观政要》。

释义 惩罚与奖赏的根本目的，在于提倡良善、铲除邪恶。

赏析 这句话道出了刑赏的根本目的。

范例 "刑赏之本，在乎劝善而惩恶。"对那些损害生态环境的人，只有真追责、敢追责、严追责，做到终身追责，制度才不会成为"稻草人""纸老虎""橡皮筋"。

公正是赏罚分明者的美德。

K08-08

作者 [古希腊]亚里士多德。

赏析 赏罚不明是做领导者的大忌，由此带来的负面影响比不作为还要严重。该赏的时候要赏得人心花怒放，该罚的时候要罚得人胆战心惊。赏罚要与领导者的日常言论相一致，要通过赏和罚向团队成员传递一种非常明确的信号：应做怎样的人，应珍视哪种价值，应反对哪些问题等。

范例 赏罚有度，公正为先。亚里士多德也说过，"公正是赏罚分明者的美德"。作为领导者，当你拿起胡萝卜或大棒时，应该好好想想这句话。

K09 倡廉

K09-01 欲影正者端其表，欲下廉者先之身。

出处 西汉·桓宽《盐铁论》。

释义 要想影子端正，必须端正身体；想要下边的人廉洁，首先要从自己做起。

赏析 上位者贪贿，却要百官廉洁奉公，是不可能的。所以说，贪鄙的根源在于上层，而不是在下面。君王以身作则，百官才能作风廉洁。

范例 古人云："不勤，无以成就事业；不廉，难以凝聚人心。"对于每一个身居要职的管理者来说，都应该记住这样两句话，"欲影正者端其表，欲下廉者先之身"，如此则上安下顺，弊绝风清。

K09-02 宁公而贫，不私而富。

出处 元代·张养浩《牧民忠告》。

释义 宁可克己奉公而受穷，也不可假公济私而发财致富。

赏析 公与私之分，即廉与贪之界，公私一念之间，荣辱两重天。为官者要做到慎独、慎微、慎行，从小事上就严格要求自己，克己奉公，廉洁自律，认认真真做事，清清白白做人。

范例 古人说："宁公而贫，不私而富。"公正且清廉是为人为官之做事准则。

非俭无以养廉，非廉无以养德。

出处 《元史·乌克逊泽传》。

释义 不勤俭节约，就难以培养廉洁作风；不廉洁自律，就难以培养高尚品德。

赏析 俭以养廉，强调节俭可以培养廉洁的作风。俭与廉，就像一对孪生兄弟，密不可分。俭为廉之根，廉为俭之果。持俭，方能守廉、兴廉；为官清正廉明，其生活中也一定节约俭朴。

范例 "非俭无以养廉，非廉无以养德。"俭和廉，是为人处世的重要基石，是为官从政的道德根基。

凡不能俭于己者，必妄取于人。

出处 清代·魏禧《日录里言》。

释义 凡是自己生活不节俭的人，一定会随便拿别人的东西。

赏析 贪腐之风的背后往往是奢靡之风。"俭于己"方能"正于人"。唯有当清正廉洁成为一种进取自觉的行为习惯，当崇俭抑奢成为一种文明时尚的生活方式，贪腐才能得到根本性的遏制。

范例 "凡不能俭于己者，必妄取于人。"一个人如果不能"俭于己"，挥霍无度、欲壑难填，必定向别人乱"伸手"。

K10 外交

K10-01
亲仁善邻，国之宝也。

[出处] 《左传》。

[释义] 与仁者亲近，与邻邦友好，是国家重要的策略。

[赏析] 中国人讲"远亲不如近邻"，好邻居，就要常走动。朋友越走越近，邻居越走越亲。亲望亲好，邻望邻好；是亲必顾，是邻必护。

[范例] 《左传》说："亲仁善邻，国之宝也。"亲仁善邻、协和万邦是中华文明一贯的处世之道。

K10-02
辅车相依，唇亡齿寒。

[出处] 《左传》。

[释义] 颊骨和齿床互相依靠，嘴唇没有了，牙齿就会感到寒冷。

[赏析] 这条金句是比喻相邻两国或相互依存的事物安危与共，利害相关。

[范例] 《左传》中有言："辅车相依，唇亡齿寒。"生活中，懂得互利共赢之人，都把自己活成了一支队伍，与他人之间架起桥梁，彼此帮忙。而自私自利之人，却筑起高高的围墙，阻碍了别人的去路，也断绝了与他人的来往。

K11 团结

上下同欲者胜。　　　　　　　　　　　　　　K11-01

[出处] 春秋·孙武《孙子兵法》。

[释义] 国君、统帅与广大民众、士卒上下一心，同仇敌忾，就一定能战胜敌人。

[赏析] 这句话是孙武关于治军问题的军事心理观点，表明孙子把得众、人心归一当作取胜的重要因素。这一观点千百年来得到无数政治家、军事家的认同。这句名言，现在还普遍适用于商业竞争和企业管理等多个领域。

[范例] 上下同欲者胜，风雨同舟者兴。抗疫路上，只要我们团结一心、携手前行，就一定能够经得住考验，最终打赢这场疫情防控攻坚战。

千人同心，则得千人之力；万人异心，则无一人之用。　　　　　　　　　　　K11-02

[出处]《淮南子》。

[释义] 千人同一条心，就能发挥千人的力量；万人有不同的想法，就连一个人的力量都发挥不出来。

[赏析] 这句话指力量的大小不在于人数多少，而在于人心的聚散，在于是否团结一致，齐心协力。

[范例] "千人同心，则得千人之力；万人异心，则无一人之

用。"一个民族，人口再多，如果拧不成一股绳，都无法称其为"强大"；一个国家，疆域再大，如果是一盘散沙，都难以被视为"大国"。历史从正反两个方面反复证明一个道理，团结才有力量，内讧必然衰败。（摘自陈凌《守望相助的力量无坚不摧》）

K11-03　一滴水只有放进大海里才能永远不干，一个人只有当他把自己和集体事业融合一起的时候才能最有力量。

出处　雷锋《雷锋日记》。

赏析　这句话启示我们个人的成长离不开良好的集体。一方面，个人生活在一定的集体中，不能脱离集体而存在；另一方面，集体是由个人组成的．个人的一言一行都会影响到整个集体的利益和发展．一个团结的集体遇到的各种困难都会迎刃而解，因为集体拥有个人无法比拟的无穷智慧。

范例　"一滴水只有放进大海里才能永远不干，一个人只有当他把自己和集体事业融合一起的时候才能最有力量。"雷锋的这句名言时刻提醒我，在遭遇挫折与瓶颈时，集体的每一个人都要比平时更加紧紧地团结在一起才行，绝不能一盘散沙，各自为战。

L 经济

L01 农业

衣食当须纪，力耕不吾欺。

L01-01

- **出处** 东晋·陶渊明《移居二首》。
- **释义** 人的衣食需要自己经营，只要付出劳动，田地是不会欺骗我的！纪：经营。
- **赏析** 这两句诗点明自然之乐的根源在于勤力躬耕，表达了只有努力耕作才能解决衣食问题，引申了说就是只有勤劳肯干，我们才能解决贫困的问题。
- **范例** 功崇惟志，业广惟勤。陶渊明讲"衣食当须纪，力耕不吾欺"，勉励世人付出劳动、努力耕耘。

纵有健妇把锄犁，禾生陇亩无东西。

L01-02

- **出处** 唐代·杜甫《兵车行》。
- **释义** 即便有健壮的妇女能拿锄掌犁，田里的庄稼还是长得杂乱不堪，排不成行。无东西：指庄稼生长得杂乱不堪。
- **赏析** 《兵车行》是一首反对唐玄宗穷兵黩武的政治讽刺诗。"纵有健妇把锄犁，禾生陇亩无东西"揭示了兵荒年代给农业生产带来的巨大损害。

[范例] 杜甫在《兵车行》中也写道："汉家山东二百州,千村万落生荆杞。纵有健妇把锄犁,禾生陇亩无东西。"家园几成废墟,田地任其荒芜,这就是战争的面孔。

L01-03　农家农家乐复乐,不比市朝争夺恶。

[出处] 宋代·陆游《岳池农家》。

[释义] 农耕之家是最快乐的,不像那些经商的人或官府的人为了金钱地位而凶恶的争夺。市朝:交易场所或官府治事的地方。

[赏析] 《岳池农家》是陆游游历岳池时所作的田园诗。该诗表达了诗人对岳池农家生活由衷的羡慕和眷恋之情。而"农家农家乐复乐,不比市朝争夺恶"则成为歌咏农家和乐生活的千古佳句,岳池因此有"中国农家乐之源"之美誉。

[范例] "农家农家乐复乐,不比市朝争夺恶。"南宋著名诗人陆游就曾赞美过四川省岳池县的乡村农家。而今,农家乐成了一种新兴的旅游休闲形式,是农民向城市现代人提供的一种回归自然、从而获得身心放松、愉悦精神的休闲旅游方式。

L01-04　深处种菱浅种稻,不深不浅种荷花。

[出处] 清代·阮元《吴兴杂诗》。

[释义] 水深的地方适宜种菱,水浅的地方适宜种稻子,而不深也不浅的地方适宜种荷花。

[赏析] 诗句描写了江南的美丽和富庶,反映了劳动人民充分利用自然发展生产的情形。

[范例] "深处种菱浅种稻,不深不浅种荷花。"与作物的生长规律类似,人只有在合适的工作岗位上,才能最大限度发挥自身潜能。

东家稻熟早芟草,西家豆稀懒打虫。

[出处] 清代·袁枚《劝农歌》。

[释义] 东边一家的稻子获得丰收,是因为他们及时地给稻田锄草,而西边一家的豆苗长得稀疏,是因为他们懒于给豆苗治虫。芟草:锄草。

[赏析] 这两句诗意在劝诫农民应勤于耕作、不要懒惰。

[范例] "东家稻熟早芟草,西家豆稀懒打虫。"真可谓,一分耕耘一分收获呀!

救荒不如备荒,备荒莫如急农时。

[出处] 清代·魏源《吴农备荒议》。

[释义] 与其等灾荒来了再想办法补救,不如早防备灾荒,而防备灾荒最好就是抓住农时。农时:指春耕、夏耘、秋收三个时令。

[赏析] 常言道:"民以食为天。"人们一日三餐不可少。想要保障粮食产量充足,田地中有庄稼长出,在该播种时节,按时播种很有必要。这些道理虽然浅显,但却非常实用,也值得我们学习和借鉴。

[范例] 农时紧迫不等人,"救荒不如备荒,备荒莫如急农时",只有抓住农时,才能为来年丰收打下基础。

L02 财货

L02-01 货悖而入者，亦悖而出。

- 出处 《礼记·大学》。
- 释义 不是通过正当途径得来的财物，也会从不正当的途径失去。悖：不合理。
- 赏析 这句话后来概括为"悖入悖出"。称不正当的收入又被人巧夺或浪费而尽。
- 范例 纨绔子弟对继承得来的家产肆意挥霍、坐吃山空；小偷强盗用偷窃抢劫来的财物胡吃海喝，也印证了"货悖而入者，亦悖而出"的道理。

L02-02 地诚任，不患不财。

- 出处 秦代·商鞅《商君书》。
- 释义 地力被真正利用起来，就不怕没有财源。诚：真正。
- 赏析 这两句话说明地尽其力，国家才能财富丰足。
- 范例 古语"地诚任，不患不财"极为简短的七个字，却道出了土地的重要性！土地既是人类最宝贵的财富，又是国家赖以存在和发展的物质基础。

富无经业，则货无常主，能者辐凑，不肖者瓦解。

出处 西汉·司马迁《史记·货殖列传》。

释义 致富并不靠固定的行业，而财货也没有一定的主人，对于有能力的人，财富就像车的辐条一样聚集在车轴的周围，对于没有能力的人，财富就像破碎的瓦片一样，很快就消失了。辐：车轮的辐条。

赏析 司马迁在《货殖列传》中揭示了企业经营的基本规律，它也被视为中国企业的"财富圣经"。"能者辐凑，不肖者瓦解"肯定了经营能力对积累财富的重要性。

范例 司马迁说过"富无经业，则货无常主，能者辐凑，不肖者瓦解"，生财致富之道，没有固定的行业，也没有固定的主人，但必须用心经营，心无旁骛地做好自己的事情。

如果你懂得使用，金钱是一个好奴仆；如果你不懂得使用，它就变成你的主人。

作者 [美] 马克·吐温。

赏析 我们不能做金钱的奴隶，但也不能没有金钱的支撑，所以，要学会赚钱，也要学会花钱，赚钱和花钱，需要有一个计划，需要有一个平衡，不要超前消费，也不要做守财奴。

范例 美国作家马克·吐温说："如果你懂得使用，金钱是一个好奴仆；如果你不懂得使用，它就变成你的主人。"人活一世，要对金钱保有正确的态度，树立正确的观念。合理花钱，适当攒钱，认真赚钱。

L03 赋税

L03-01

取于民有度，用之有止，国虽小必安；取于民无度，用之不止，国虽大必危。

出处 《管子·权修》。

释义 对人民征收有度，耗费又有节制的，国家虽小也一定安宁；对人民征收无度，耗费没有节制的，国家虽大也一定危亡。

赏析 在春秋战国时代，重民、保民以得民心是治国安邦的基本原则。管仲劝告君主，必须施行德治，勤政节俭，取民有度。强制性租税征课，无疑是夺取百姓财产，自然会招致人民的不满。如果为了满足个人穷奢极欲的生活而对人民横征暴敛，这样的国家迟早会灭亡。管仲的这一思想在今天仍具有积极的现实意义。

范例 要做到廉政治国，必须做到以民为本，民为邦本。尤其要把握好国与民的关系："取于民有度，用之有止，国虽小必安；取于民无度，用之不止，国虽大必危。"

L03-02

弊政之大，莫若贿赂行而征赋乱。

出处 唐代·柳宗元《答元饶州论政理书》。

释义 最大的黑暗政治莫过于贿赂猖獗、赋税繁多了。弊政：黑暗的政治。莫若：没有，像。征赋：赋税。乱：繁多。

赏析 这条金句说明为政必须杜绝贿赂和乱征赋税。

范例 "弊政之大,莫若贿赂行而征赋乱。"受贿罪的制定可以很好地保证国家机制的运转,防止官员以官职之便非法收取财物,促进官员的清正廉洁,所以历代政治家都很重视惩治受贿罪的立法。

一丛深色花,十户中人赋。

L03-03

出处 唐代·白居易《买花》。

释义 十户中等人家交一年的赋税,只能买一丛深色的牡丹花。深色花:指牡丹花。中人:家产中等的人家。

赏析 仅仅买一丛"灼灼百朵红"的深色花,就要挥霍掉十户中等人家的税粮,可见统治阶级是何等奢华!"一丛深色花,十户中人赋",尖锐地反映了剥削与被剥削的矛盾,揭示了当时社会"富贵闲人一束花,十户田家一年粮"的贫富差距。诗人敢用自己的诗歌创作谱写人民的心声,这是十分可贵的。

范例 白居易在《买花》诗中所言"一丛深色花,十户中人赋",就指出了这种一头之花耗费钜万的奢靡风气。

L04 百工

L04-01　工不兼事则事省，事省则易胜。

- [出处] 战国·慎子《慎子·威德》。
- [释义] 工匠不同时做两种工作，那么他们的工作就专一，工作专一就容易取得成功。
- [赏析] 这句话强调的是只有技术专才能达到精。
- [范例] "工不兼事则事省，事省则易胜。"艺不在多，而在于精。只有精通一技，才能有立足之地。

L04-02　技艺之士，资在于手。

- [出处] 《商君书》。
- [释义] 对于手工业者来说，他们的资本就在于他们手中的技艺。
- [赏析] 这句话强调了手上的技能对于一个手工业者的重要性。
- [范例] "技艺之士，资在于手。"一技之长能动天下。技能是强国之基、立业之本，每个劳动者只有掌握了"一技之长"，才能创造出彩人生。

L04-03　百工者，以致用为本，以巧饰为末。

[出处] 东汉·王符《潜夫论·务本》。

[释义] 工匠以制造出的器物有实际用处为根本,以弄巧粉饰为末。

[赏析] 这句话说明制造器物应以实用为原则,不应华而不实,偷工减料。

[范例] 汉代王符在《潜夫论·务本》中就说道:"百工者,以致用为本,以巧饰为末。"古人提到的"以致用为本"的原则在今天仍有其现实意义。

炉火照天地,红星乱紫烟。

L04-04

[出处] 唐代·李白《秋浦歌》。

[释义] 冶炼炉的炉火将四周照得红彤彤的一片,红色的火星四处飞溅,与升腾的紫色烟雾交织在一起。紫烟:冶炼炉上冒出的烟云。

[赏析] 此句呈现出一幅色调明亮、气氛热烈的冶炼场面,"照""乱"二字的运用使得冶炼的场面卓然生辉,体现出诗人兴奋激动的心情。

[范例] "炉火照天地,红星乱紫烟。"人心这个火炉,一旦火光熊熊,那么人生就会光芒万丈,照耀天地。

敢将十指夸针巧,不把双眉斗画长。

L04-05

[出处] 唐代·秦韬玉《贫女》。

[释义] 贫家女敢用精巧的针线活夸耀自己灵巧的双手,而不和别人

比试双眉画得好。斗：比。

[赏析] 《贫女》是秦韬玉的代表作，全篇都是一个未嫁贫女的独白，倾诉她抑郁惆怅的心情，而字里行间却流露出诗人怀才不遇、寄人篱下的感恨。诗句表现了贫家女儿对自己劳动的自信和朴实的性格。

[范例] "敢将十指夸针巧，不把双眉斗画长。"每一位朴实勤劳的劳动者都值得尊敬，因为他们立足于这个社会，不是通过迎合流俗、投机取巧，而是凭借自己的勤劳和智慧。

L04-06　端州石工巧如神，踏天磨刀割紫云。

[出处] 唐代·李贺《杨生青花紫石砚歌》。

[释义] 端州石工的手艺真是灵巧如神，磨刀采石山顶上，犹如脚踏青天割紫云。端州：地名，在今广东省，以出产端砚而闻名。紫云：比喻紫色的砚石。

[赏析] 这两句诗写青花紫石砚的采制者端州石工，称他们"巧"技赛过"神"功。"踏天磨刀割紫云"一句中的"踏天"，不是登高山，而是下洞底，踏的是水中天。灯光闪烁在水面上，而岩石的倒影反映于水面，水面就像天幕，倒影就像凝云。开石用锤凿，诗人既以石为"云"，自然就说用"刀割"了。这里的"天"可"踏"，"云"可"割"，把端州石工的劳动写"神"了。可以说，诗人以高超的想象讴歌了广大劳动人民的勇敢和智慧。

[范例] 中唐诗人李贺初见端砚，便发出了"端州石工巧如神，踏天磨刀割紫云"的感叹。进入宋代，端砚经历几百年检验，被公认为居于我国众多砚台之首。

观众器者为良匠,观众病者为良医。

L04-07

[出处] 宋代·叶适《法度总论》。

[释义] 观察过许多种器物的人才能成为优秀的工匠,查看过多种疾病的人才能成为出色的医生。

[赏析] 这句话与刘勰的"操千曲而后晓声,观千剑而后识器"有异曲同工之妙,都是告诉我们要学会一种技艺,不是容易的事;想做个有用的人才,就要多观察实物,纸上谈兵是不行的。做任何事情,没有一定的经验积累,就不会有很高的造诣。这两句话对我们生活、工作、学习都是有很大的指导意义。

[范例] "观众器者为良匠,观众病者为良医。"我们青少年要在经风雨、见世面中长才干、壮筋骨,在不断处理棘手的问题中锻造好"揽瓷器活"的"金刚钻"。

人间巧艺夺天工。

L04-08

[出处] 元代·赵孟頫《赠放烟火者》。

[释义] 人间的能工巧匠的高超技艺胜过了天上工匠。

[赏析] 这句诗是说那些能工巧匠们所制作的烟花,燃放的时候让天空就像白天一样明亮,用以称赞匠人的技艺达到巧夺天工的程度。一个人如果能够在任何一个行业之中做到"巧夺天工"这四个字,那么必定能够让人们心生敬佩。

[范例] "人间巧艺夺天工",没有大国工匠的精雕细琢,就没有一个个大国重器的诞生。

L05 经商

L05-01 良贾不为折阅不市。

出处 《荀子·修身》。

释义 精明的商人不会因为亏了本就不再做生意。

赏析 做任何事都有失败的可能,但是不能因为害怕失败,不能因为遭遇了困难,就轻易放弃。

范例 古语有云:"良农不为水旱不耕,良贾不为折阅不市。"听到蝲蝲蛄叫,还能不种庄稼?越是困难时刻,越要坚定信心、迎难而上,敢于斗争、善于斗争。

L05-02 商不出则三宝绝

出处 西汉·司马迁《史记·货殖列传》。

释义 没有商业,连君王需要的最珍贵的珠、玉、金三宝,也要断绝了。

赏析 商业在生产消费中占有重要地位,没有商业交换就不能进行再生产。所以,这句话强调的是商业的重要性,主张要积极发展商业。

范例 司马迁在《史记·货殖列传》中说:"商不出则三宝绝。"商业流通万物,互惠互利,互通有无,具有不可替代的作用。

M 军事

M01 战争

> 师之所处，荆棘生焉；大军之后，必有凶年。
>
> M01-01

- **出处** 《老子》。
- **释义** 军队所到的地方，荆棘横生，大战之后，一定会出现荒年。
- **赏析** 这句话道出了战争给国家和百姓都会带来恶果，表达了作者的反战思想。
- **范例** "师之所处，荆棘生焉；大军之后，必有凶年。"战争带给国家和百姓的创伤实在是太大了，短时间内难以弥合。

> 国虽大，好战必亡；天下虽安，忘战必危。
>
> M01-02

- **出处** 周朝·田穰苴《司马法》。
- **释义** 国家即便再强大，如果喜欢战争也必然会灭亡。天下虽然太平，但忘记备战必然危险。
- **赏析** 这句话辩证地分析了战争与国家兴衰的关系：好战的国家必然灭亡，而没有战备的国家就会处于危险之中。

范例 "国虽大，好战必亡；天下虽安，忘战必危。"这段文字深刻地体现出了中国传统和平理念所蕴含的思想智慧。

M01-03　　数战则民劳，久师则兵敝。

出处 《战国策》。

释义 连续地打仗，人民就会感到劳苦；长期的军事行动，会使士兵感到疲惫。

赏析 战争是人类财富的粉碎机，也会吞噬掉无数条鲜活的生命。它带给百姓和士兵的伤害是难以消除的。

范例 "数战则民劳，久师则兵敝。"旷日持久的战争令山河失色、生灵涂炭，所以切不可轻启战端，要珍惜和平。

M01-04　　战争的真相——流血、痛苦和死亡。

出处 [俄]托尔斯泰《塞瓦斯托波尔故事》。

赏析 托尔斯泰参加了惨烈的塞瓦斯托波尔攻防战，战事之余他写下了成名作《塞瓦斯托波尔故事》。这句话表现出托尔斯泰对战争生活的体验和深刻理解。

范例 正如托尔斯泰所说"战争的真相——流血、痛苦和死亡"，残酷战争给人类带来的，只有苍凉的死亡与绝望的毁灭。

M02 用兵

> 凡兵之道，莫过于一。

M02-01

出处 周朝·姜子牙《太公六韬》。

释义 一般的用兵之道，没有比指挥上的高度统一更重要的了。一：统一。

赏析 这句话指出用兵的根本原则是集中统一，这样才能保证发挥出最大的战斗力。

范例 "凡兵之道，莫过于一。"我们不能想象一支将士不和、形同散沙的部队能够取胜，但是团队精神不排斥个人的积极性、创造性，只有把二者结合起来才更完美。（摘自司马风《没有团队精神的群体不堪一击》）

> 用兵之害，犹豫最大；三军之灾，莫过狐疑。

M02-02

出处 周朝·姜子牙《太公六韬》。

释义 用兵的大忌是犹豫不决，军队最可怕的灾难也莫过于互相猜疑。狐疑：多疑。

赏析 这是专讲果断决策的。用兵犹豫不决，丧失时机，是最大的危害。只有在充分掌握所需信息的基础上，果断及时地作出决策，才能保证用兵的最佳效果。

范例 "用兵之害，犹豫最大；三军之灾，莫过狐疑。"面对稍纵即逝的战机和无处不在的风险，指挥员只有善于把握战机、敢于承担风险，才能稳操胜券。

善战者，见敌之所长，则知其所短；见敌之所不足，则知其所有余。

【出处】 周朝·孙膑《孙膑兵法》。

【释义】 善于用兵作战的人，了解敌军的长处，就能知道敌军的短处；了解敌军不足的方面，就能知道敌军优胜的方面。

【赏析】 为文讲视点，经商讲卖点，观剧讲看点，打仗也有"打点"，那就是能够一击即中的敌之弱点，也是能够取得高度作战效能的作战"点位"。选择"打点"，必须把敌人的弱点、要害搞清楚。孙膑的话正是讲的要瞄准敌方弱点要害。

【范例】 "善战者，见敌之所长，则知其所短；见敌之所不足，则知其所有余。"做事要学会冷静面对，屈伸自如，善用自己与对方的优势劣势。善于思考的人对生活中的细微变化异常敏感，这也是他们总能抓到机遇的原因所在。

知己知彼，百战不殆。

【出处】 春秋·孙武《孙子兵法》。

【释义】 既了解自己，又了解敌人，打起仗来才能立于不败之地。"彼"是指敌方，与"己"相对。"殆"指危险。

【赏析】 它是强调打仗一定要掌握双方的情况。当然，自己一方的情况是比较好掌握一些，而对方的情况就需要周到而细致的侦察。不了解自己的情况，防御和进攻都会很盲目，难以做出符合自己实力的决策。不了解对方，就更危险，那就无法排兵布阵。进攻从哪里切入，防御以何处为重点，就很难符合实际。这种情况只能造成战争的失败。这句名言实际上也不只是适应于战争，很多工作也是这样。只要牵涉到两方，那么就应该好好想想，是不是知己知彼。经商也好，做人的思想工作也好，都有个了解自己和了解对方的问题。情况了解清楚了，才能做到有的放矢，对症下药，解决问题。

[范例] 上次对阵南街小学篮球队的胜利，让大家真正明白了"知己知彼，百战不殆"这句古语的正确性，这场比赛，我们队同样也会认真分析对手的特点和漏洞，制订详细的攻防战术。

水之形避高而趋下，兵之形避实而击虚。

M02-05

[出处] 春秋·孙武《孙子兵法》。

[释义] 用兵的规律像水的流动，水避开高处而向低处奔流，用兵的规律是避开敌军的主力或者防守牢固之处，而攻击其薄弱的地方。

[赏析] 所谓"虚与实"指的是军队或武器装备系统作战潜力能否发挥的状态，"虚"就是因作战准备不足、战场环境不利等因素，使作战潜力难以发挥的状态；"实"是指作战准备充分、战场环境有利等因素使作战潜力能够发挥的状态。避开敌人的主力，攻击其薄弱之处，历来为古今中外军事家所信奉并广泛运用，创造了无数辉煌。

[范例] "水之形避高而趋下，兵之形避实而击虚。"在"对弈"

或做事情过程中要懂得因势利导、顺势而为的道理，要对事物发展的规律和方向进行分析判断，攻击对手的薄弱环节。

M02-06 先发制人，后发制于人。

【出处】东汉·班固《汉书》。

【释义】作战时先发动者便能制服对方，后发动者便被对方制服。

【赏析】秦朝末年，陈涉起兵造反。会稽代理太守殷通一向认为项梁有才，就和他在一起商量应该怎么办。项梁说："方今江西（指长江以西，今皖北一带）皆反秦，此亦天下亡秦时也。先发制人，后发制于人。"项梁是在劝殷通早日造反，免得被动。"先发制人，后发制于人"，现在泛指先下手就主动，后下手就被动。

【范例】在危机前，我们应该懂得"先发制人，后发制于人"的道理，掌握主动权。

M02-07 军无习练，百不当一；习而用之，一可当百。

【出处】三国·诸葛亮《将苑》。

【释义】军队如果不进行演习操练，一百个人也抵挡不住一个人；如果操练演习过以后再使用他们，一个人可以抵挡一百个人。

【赏析】这句话指兵不在多而在精，只有加强军训才能提高战斗力。

范例 "军无习练，百不当一；习而用之，一可当百。"军事训练是和平时期提高部队战斗力的根本途径。

战捷之后，常苦轻敌。

M02-08

出处 西晋·陈寿《三国志》。

释义 打了胜仗后，常常苦于轻敌情绪难以消除。

赏析 一般人在打了胜仗之后，都会产生骄傲轻敌的思想。所谓"骄兵必败"，正因为骄傲轻敌，才会放松警惕，给对方以可乘之机。因此有远见的指挥员常常为胜利后部队中的轻敌自满情绪而发愁，因为他们深深知道这种情绪，是失败的种子，是灭亡的祸根。要防患于未然，必须警钟长鸣，常备不懈，克服麻痹轻敌思想。

范例 古人说："战捷之后，常苦轻敌。"我们在胜利面前不能骄傲自满，要时刻保持清醒的头脑，准备迎接更大的挑战。

兵贵神速。

M02-09

出处 西晋·陈寿《三国志》。

释义 用兵最可贵的是行动特别迅速。兵：用兵。贵：可贵。神速：特别迅速。

赏析 "兵贵神速"适用于主动进攻方。指的是发现敌军弱点时，要抓住战机，迅速展开行动，让敌方难以预警，在敌方反应过来之前实施打击。这是一种普适的作战原则。

范例 兵贵神速，我们要马上行动，贻误战机就必然失败。

M03 将帅

M03-01　将在外，主令有所不受。

出处　西汉·司马迁《史记》。

释义　将帅在外作战时，有机断处置的权力，国君的命令有的可以不接受。

赏析　这句话本质是要求管理者（为将者）有大局和变通能力。

范例　战场上的情况瞬息万变，敌我力量此消彼长，这就要求前线司令员在关键时刻要有独立判断的冷静，机断专行的担当。因此有"将在外，主令有所不受"之语。

M03-02　战苦军犹乐，功高将不骄。

出处　唐代·皎然《从军行》。

释义　虽然作战很辛苦，但是士兵们依旧（因为能保卫祖国而）感到很快乐；将军的功劳虽然很大，却依旧不骄傲、不自满。

赏析　这两句诗赞扬将士们的乐观精神和谦虚品德——军营的生活虽然艰苦，但战士以苦为乐，精神乐观，士气高昂；在战场上虽然立了大功，但将军们却不骄不躁。这两句诗意境慷慨雄健，为诗人作品中所罕见。

范例　边疆战士坚守哨位，保家卫国，"战苦军犹乐，功高将不骄"，是值得我们尊敬的最可爱的人。

千军易得，一将难求。

M03-03

[出处] 元代·马致远《汉宫秋》。

[释义] 征集众多的兵士很容易，寻求一个好的主帅却很困难。

[赏析] 这句话表示将才难得。优秀的军事统帅在决定战争胜败、国家兴亡中发挥着重要的作用。在我国历史上，历代贤明的思想家、政治家都十分重视良将的培养和选拔。

[范例] "千军易得，一将难求"，人才是推动发展的关键，也是最核心的竞争力。

瓦罐不离井上破，将军必在阵前亡。

M03-04

[出处] 明代·施耐庵《水浒传》。

[释义] 井口打水的瓦罐容易打碎，沙场上征战的将军难免在对阵中受伤、战死。

[赏析] 这两句话比喻事物总逃脱不了必然的结局。也比喻常做冒险之事，难免会出意外。

[范例] "瓦罐不离井上破，将军必在阵前亡。"虽然有些职业面临很大的危险，但是仍然有那么多人选择投身其中，尽忠职守，勇敢向前，贡献自己的力量。

M04 从军

M04-01 秦时明月汉时关，万里长征人未还。

出处　唐代·王昌龄《出塞》。

释义　依旧是秦汉时期的明月和边关，守边御敌鏖战万里征夫未回还。

赏析　此句勾勒出一幅冷月照边关的苍凉景象，暗示战事自秦汉以来一直未间歇过，突出了时间的久远，联想到战争给人带来的灾难，表达了诗人悲愤的情感。

范例　"秦时明月汉时关，万里长征人未还。"时间飞逝，远征的战士却久久未归，说明了战争之残酷。

M04-02 醉卧沙场君莫笑，古来征战几人回？

出处　唐代·王翰《凉州词》。

释义　如果醉卧在沙场上，也请你不要笑话，古来外出打仗的能有几人返回家乡？

赏析　"醉卧沙场"，表现出来的不仅是豪放、开朗、兴奋的感情，而且还有着视死如归的勇气。"古来征战几人回？"这个诘问句，用了夸张手法极言边陲战争的激烈残酷。

范例　唐代诗人王翰所著《凉州词》中"醉卧沙场君莫笑，古来征战几人回"这句对于战争来说是一个比较真实的写照，古代战争的血腥场面往往是人们想象不到的。

一身转战三千里，一剑曾当百万师。

M04-03

出处 唐代·王维《老将行》。

释义 身经百战驰骋疆场三千里，曾以一剑抵挡敌人的百万雄师。

赏析 此句表现了老将的征战劳苦、功勋卓著，可见其英雄气概和无畏精神。

范例 "一身转战三千里，一剑曾当百万师。"北京冬奥会赛场，我们一边为年轻的"00后"们冰上赛舟、雪海泛舟加油，一边被那些三次、四次乃至八次参加冬奥会的老将们的坚强拼搏打动。

夜阑卧听风吹雨，铁马冰河入梦来。

M04-04

出处 宋代·陆游《十一月四日风雨大作》。

释义 夜将尽时，我躺在床上听到那风雨声，就梦见自己骑着披着盔甲的战马，跨过冰封的河流出征北方疆场。

赏析 "铁马冰河入梦来"正是诗人日夜所思的结果，淋漓尽致地表达了诗人的英雄气概。这也是一代志士仁人的心声，是南宋时代的民族正气。

范例 读陆游"夜阑卧听风吹雨，铁马冰河入梦来"时，一种雄赳赳气昂昂的激情油然而生。

M05 和平

M05-01

> 昨夜的暴风雨用金色的和平为今晨加冕。

作者　[印度]泰戈尔《飞鸟集》。

赏析　在象征和平的朝阳跃出海面之前,那里是无尽的黑夜与猛烈的风雨。今日属于和平的时代乐章之所以能响彻祖国大地,是千万有志人士前赴后继用血肉之躯换取的。

范例　泰戈尔曾言:"昨夜的暴风雨用金色的和平为今晨加冕。"和平不易,我们唯有感恩与珍惜。

M05-02

> 不应为战争和毁灭效劳,而应为和平与谅解服务。

作者　[瑞士]黑塞。

赏析　瑞士作家、诺贝尔文学奖获得者黑塞的这句告诫发人深省。和平犹如空气和阳光,受益而不觉,失之则难存。面对世界上的冲突与灾难,我们应心怀对生命的尊重和对和平的珍视,去救助那些脆弱、贫穷和需要帮助的人。

范例　瑞士作家黑塞曾说:"不应为战争和毁灭效劳,而应为和平与谅解服务。"地球是各国休戚与共的家园,它的和平安宁更需要各国共同守卫。

N 艺术

N01 文学

> 文人之笔，劝善惩恶也。　　　　　　　　　　　N01-01

出处 东汉·王充《论衡》。

释义 文人的笔，是用来劝人为善，惩戒恶行的。

赏析 "文人之笔，劝善惩恶也"这句典故告诉我们，文章写作不是为了炫耀文辞之美，而是为了达到"劝善惩恶"的目的。"惩恶扬善"是中国文学的优秀传统。中国古代文学倡导的"文以载道"，这个"道"就包含了对善恶的褒贬。

范例 "文人之笔，劝善惩恶。"对真、善、美的追求是人类共有的永恒主题。

> 文章，经国之大业，不朽之盛事。　　　　　　　N01-02

出处 三国·曹丕《典论》。

释义 文章是治理国家的事业，是流传万代的不朽之事。

赏析 这句话强调了文学的价值，提到了与事功、立德扬名并立的地位。此论点在当时可以说是振聋发聩，前无古人。

范例 "文章，经国之大业，不朽之盛事。"在古人眼中，著文立说，是意义十分重大的事。披发行吟的屈原、发愤著书的司马迁、安贫乐道的陶渊明、才华冠绝的王勃、豪迈旷达的苏轼……他们用生命之光点亮生花妙笔，或抒怀明志，或针砭时弊，或畅叙幽情，或雄辩论道。

N01-03　奇文共欣赏，疑义相与析。

- **出处**　东晋·陶渊明《移居二首（其一）》。
- **释义**　遇到非常优秀的文章大家共同阅读思考，品味出其中的奇妙与含义，遇到不同的观点大家共同讨论分析。
- **赏析**　此句写诗人与友人的友好往来，谈诗论文，找到了生活的快乐，生命的归宿，心灵的慰安和休息。
- **范例**　"奇文共欣赏，疑义相与析。"社区图书馆为身处匆忙生活节奏中的读者提供了"慢下来"的空间，享受休闲时光的同时，有共同兴趣的读者还可以在此聚会、讨论，在阅读中寻找灵感，在交流中启迪智慧。

N01-04　文如风行水上，出于自然。

- **出处**　宋代·马永卿《元城语录解》。
- **释义**　文章的风格好像微风吹过水面，自然形成波纹。
- **赏析**　这句话指作文最忌矫揉造作。好的文章如天籁自鸣，自抒胸臆，又似风行水上，自然成文。
- **范例**　真正的文章大家，"文如风行水上，出于自然"，毫不做作。

N02 音乐

转轴拨弦三两声,未成曲调先有情。

N02-01

- **[出处]** 唐代·白居易《琵琶行》。
- **[释义]** 她转紧琴轴拨动琴弦试弹了几声,还没弹成曲调却先有了感情。
- **[赏析]** 此句赞美琵琶女的高妙演奏技巧,以随意弹奏的琴音来表示内心的情意。
- **[范例]** 她一出场,便拿起立在脚边的琵琶,"转轴拨弦三两声,未成曲调先有情"。清脆柔美的琴音从指间流泻而出,一曲《大浪淘沙》立马赢得全场鼓掌喝彩。

此曲只应天上有,人间能得几回闻。

N02-02

- **[出处]** 唐代·杜甫《赠花卿》。
- **[释义]** 如此美妙的乐曲只应该来自天上,人世间芸芸众生哪里能听见几回?
- **[赏析]** 作者把"此曲"看作是天上的仙乐,这就是极度写出它的不同凡俗;然后,又用人间的罕闻,进一步写出它的珍贵。
- **[范例]** "此曲只应天上有,人间难得几回闻。"古筝被称为"乐中仙子",历来为人所称道。丝弦一拨风情万种,乐曲一响也可以雷霆万钧。

N02-03 昆山玉碎凤凰叫，芙蓉泣露香兰笑。

- **出处** 唐代·李贺《李凭箜篌引》。
- **释义** 乐声清脆动听得就像昆仑山美玉击碎，凤凰鸣叫；时而像芙蓉在露水中饮泣，时而像香兰开怀欢笑。
- **赏析** "昆山"句是以声写声，着重表现乐声的起伏多变；"芙蓉"句则是以形写声，刻意渲染乐声的优美动听。
- **范例** 她用柔美的歌喉征服了所有观众，观众震撼到难以言表，只能搬出"诗鬼"李贺的"昆山玉碎凤凰叫，芙蓉泣露香兰笑"。

N02-04 女娲炼石补天处，石破天惊逗秋雨。

- **出处** 唐代·李贺《李凭箜篌引》。
- **释义** 高亢的乐声直冲云霄，冲上女娲炼石补过的天际；好似补天的五彩石被击破，逗落了漫天绵绵秋雨。
- **赏析** "女娲炼石补天处，石破天惊逗秋雨"，声音高上天际，冲破了天空，让秋雨倾泻。这种想象是何等大胆超奇，出人意料，而又感人肺腑。一个"逗"字，把音乐的强大魅力和上述奇瑰的景象紧紧联系起来了。而且，石破天惊、秋雨霂霂的景象，也可视作音乐形象的示现。
- **范例** "女娲炼石补天处，石破天惊逗秋雨。"唐代"鬼才"诗人李贺在《李凭箜篌引》里用"石破天惊"形容箜篌声。

N03 绘画

咫尺之图，写千里之景。 N03-01

- [出处] 唐代·王维《山水决》。
- [释义] 很小的一张图画，能画出千百里的景致。咫尺谓接近或刚满一尺。形容距离近。也指微小，仿佛对方就在眼前。写：这里是画的意思。
- [赏析] 咫尺之间的绘画即"小品"。小品画幅虽小，但内涵丰富，艺术精湛，以小见大。
- [范例] 他的画，以"咫尺之图，写千里之景"。即便是完全不懂画的人，也能在其中感受到泱泱华夏的江山气韵。

画竹，必先得成竹于胸中。 N03-02

- [出处] 宋代·苏轼《文与可画筼筜谷偃竹记》。
- [释义] 画竹，一定要心里有完整的竹子。
- [赏析] "画竹，必先得成竹于胸中"是一种十分精彩的画竹主张，"胸有成竹"的成语，就是从这里来的。比喻在做事之前已经拿定主意。
- [范例] 宋代苏轼在《文与可画筼筜谷偃竹记》中说道："故画竹，必先得成竹于胸中。"苏轼赞的是宋代画竹名师文与可，此人痴迷画竹，不畏风吹雨打，坚守一片竹林不动摇，直到"胸有成竹"。

N04 舞蹈

N04-01 美人舞如莲花旋，世人有眼应未见。

- **出处**　唐代·岑参《田使君美人舞如莲花北鋋歌》。
- **释义**　美人起舞好似莲花旋转，世上之人想必从未看见。
- **赏析**　"舞"是诗中描写的对象，其特点是"如莲花旋"。"世人有眼应未见"，这种舞蹈为世人所未见，为天下所未有，见之者无不既惊且叹，一层深入一层地来突出舞蹈之不凡。
- **范例**　课堂上，张老师为我们表演了一段新疆舞，简直太棒了！用"美人舞如莲花旋，世人有眼应未见"来形容，一点儿不为过。

N04-02 来如雷霆收震怒，罢如江海凝清光。

- **出处**　唐代·杜甫《观公孙大娘弟子舞剑器行》。
- **释义**　起舞时剑势如雷霆万钧，令人屏息；收舞时平静，好像江海凝聚的波光。
- **赏析**　雷霆收怒，是形容舞蹈将近尾声，声势收敛；江海凝光，则写舞蹈完全停止，舞场内外肃静空阔，好像江海风平浪静、水光清澈的情景。
- **范例**　翠鸟蹲守在茂密的柳枝上伺机而动，瞅准目标后，一个俯冲叼起小鱼虾，再从水面如蜻蜓点水般凌波跃起，疾速飞回藏身处享用美味。转瞬间波平如初，真是"来如雷霆收震怒，罢如江海凝清光"。

N05 书法

> 若教临水畔，字字恐成龙。

N05-01

- **出处** 唐代·韩偓《草书屏风》。
- **释义** 如果把屏风放到水边，恐怕每个字都要化成蛟龙，游到水里去了。
- **赏析** "屏风"是室内挡风或作为障蔽的器具，为美观设计，上面一般都绘有图画或写有文字，所以它在使用中还有书画的艺术价值。《草书屏风》这首诗是咏"屏风"上怀素的草书。"若教临水畔，字字恐成龙"是尾联。古人把写草书比为"笔走龙蛇"，因为笔画的盘绕曲折，有如龙蛇迅速有力的游动。从这个比喻中，可见怀素草书是何等的笔势飞矫、生动活泼，显现了旺盛的活力。
- **范例** 他的行草轻灵闲逸，节奏感很强，这不禁让人想起唐人"若教临水畔，字字恐成龙"的诗句。

> 高韵深情，坚质浩气，缺一不可以为书。

N05-02

- **出处** 清代·刘熙载《艺概·书概》。
- **释义** 高雅的韵味、深厚的情感、坚定的品质、浩大的气势，缺少其中任何一种都不能够从事书法创作。
- **赏析** 刘熙载用"高韵深情，坚质浩气"八个字总结出了书法水平评定的总体框架，它包含了书法从技术质量到精神情感等多层次的要求，这八个字可以说是书法评定不可逾越的总体标准。

[范例] "高韵深情,坚质浩气,缺一不可以为书。"古人以书法为养气的学问,从中可以看出书写者的品性。

N05-03　写字像画狗,越描就越丑。

[出处] 柯岗《逐鹿中原》。

[释义] 写毛笔字贵在一气呵成,如果对不顺心的笔画加笔再描,只会越描越走样。

[赏析] 书法是瞬间表现的艺术,再优秀的书法作品,都是一气呵成的,不会是犹犹豫豫、涂涂抹抹的结果。尤其是楷书,一笔一画要求精确,如果对败笔再三涂描,反而越描越难看。"写字像画狗,越描就越丑",说的就是这个道理。也借指对缺理事越辩解就越不能自圆其说。

[范例] 学习楷书,首先要做到的就是用笔的精到。初期写不好不要紧,只要方法对了,多加训练总会有所改善,如果老想着去通过描画来遮丑的话,就属于自欺欺人了。正所谓,"写字像画狗,越描就越丑"。

0 生态

001 自然

> 我对人类感到悲观，因为它对于自己的利益太过精明。我们对待自然的办法是打击并使之屈服。

001-01

作者 [美]E.B.怀特。

赏析 这句来自自然主义作家E.B.怀特的名言，恰如其分地点出了造成环境污染的根源——人类对于自己的利益太过精明。所以，面对自然，我们要心怀敬畏和感激。这句名言也提醒我们，对"环境保护"要高度重视，对生态破坏行为绝不姑息。

范例 E.B.怀特说："我对人类感到悲观，因为它对于自己的利益太过精明。我们对待自然的办法是打击并使之屈服。"但这样"打击并使之屈服"的方式显然是不科学的，我们需要的不是一时的利益，而是科学发展、永续发展。

> 我从未见过一棵心怀不满的树。它们紧握大地，仿佛深恋着大地；虽然根扎得很深，却行进得和我们一样迅速。

001-02

出处 [美]约翰·缪尔。

| 赏析 | 这条金句是美国早期环保运动领袖、荒野保护运动最早的倡导人之一约翰·缪尔对自然的感悟。本条金句中，约翰·缪尔对树木谦卑姿态的描写，启示我们人与自然也应如此相互成就、共构和谐。

| 范例 | "我从未见过一棵心怀不满的树。它们紧握大地，仿佛深恋着大地；虽然根扎得很深，却行进得和我们一样迅速。"我们必须向约翰·缪尔所描述的大树学习，保有敬畏与谦卑，因为敬畏与谦卑，乃是自然发展之道，也是自然约束之道。

001-03

> 大自然是一个最大最好的美育课堂。山水会像绿树释放氧气一样，不停地为我们释放美感；会像书本润泽我们的心田一样，不停地润泽我们的灵魂。

| 出处 | 梁衡《山水为什么有美感》。

| 赏析 | 有高雅情怀的人才可能品味山川之美妙，若能将这种感受与友人分享，更不失为人生一大乐事。本条金句明确提到了自然的美育功能，这启示我们要永葆一颗崇敬、虔诚之心，向自然汲取"美"的养料，以达成更高层次的人与自然的和谐。

| 范例 | 在自然中发展我们的生活，也在自然中栖息我们的心灵——这便是自然这一美育课堂所带来的宝贵启示。正如作家梁衡所言："大自然是一个最大最好的美育课堂。山水会像绿树释放氧气一样，不停地为我们释放美感；会像书本润泽我们的心田一样，不停地润泽我们的灵魂。"

002 资源

子钓而不纲，弋不射宿。　　002-01

出处　《论语》。

释义　孔子只用鱼竿钓鱼，而不用大网来捕鱼；用带的箭射鸟，但不射归巢栖息的鸟。纲：动词，用大绳系住网，断流以捕鱼。弋：用带生丝的箭来射鸟。宿：归巢歇宿的鸟。

赏析　孔子此举，体现的是"取物以节"的思想，讲求的是节制欲求。这对于现代这个物欲横流、自然环境受到严重破坏的社会，有着极大的教育和指导意义。

范例　"子钓而不纲，弋不射宿。"这反映了孔子爱物护生的美德，这种美德表现为遵守古代取物有节的资源保护的社会公约，同时也透露出孔子对生灵的同情。

取之有度，用之有节。　　002-02

出处　宋代·司马光《资治通鉴》。

释义　取用资源等要有限度，使用它们要有节制。

赏析　无数的惨痛教训已经证明：无序开发、粗暴掠夺，人类定会遭到大自然的无情报复，合理利用、友好保护人类必将获得大自然的慷慨回报。

范例　"取之有度，用之有节"，是生态文明的真谛。我们要倡导简约适度、绿色低碳的生活方式，拒绝奢华和浪费，形成文明健康的生活风尚。

003 环境

> 003-01　没有一个清洁的环境，再优越的生活条件也无意义。

[作者] 曲格平。

[赏析] 只有当世界在我们面前呈现出它的无限生机时，我们才会时时刻刻感受到生命的高贵与美丽。环境保护关系着人类的健康乃至生死存亡。

[范例] 首任国家环保局局长曲格平说过："没有一个清洁美好的环境，再优越的生活条件也无意义。"这是中国"环保之父"对中国人民的告诫！

004 生物

> 万物各得其和以生，各得其养以成。 004-01

[出处] 《荀子》。

[释义] 世间万物各自得到了阴阳形成的和气而产生，各自得到了风雨的滋养而成就自身。

[赏析] 荀子在天人关系上的深刻哲思，可以转化为今天处理人与自然关系的宝贵精神财富，对构建生态哲学具有理论价值，对生态文明建设具有现实意义。

[范例] "万物各得其和以生，各得其养以成。"生物多样性保护是生态文明建设的重要组成部分，人与自然和谐共生更是建设的鲜明主题。

> 天地与我并生，而万物与我为一。 004-02

[出处] 《庄子》。

[释义] 天和地与我共生，万物与我为一体。

[赏析] 这句话指人与自然是生命共同体，应和谐相处。当人类合理利用、友好保护自然时，自然的回报常常是慷慨的；当人类无序开发、粗暴掠夺自然时，自然的惩罚必然是无情的。人类对大自然的伤害最终会伤及人类自身，这是无法抗拒的规律。

[范例] "天地与我并生，而万物与我为一。"我们有责任和义务去关注人与自然的和谐相处，去关心生物多样性及其保护，去关爱我们身边亟待保护的自然环境和各种生灵。